AF218342

Obras
Cumbres

*Federico García Lorca*

# BODAS DE
# SANGRE

# LA CASA DE
# BERNARDA ALBA

Plutón
Ediciones

I.S.B.N: 978-84-10233-15-7
Depósito Legal: B-7554-2024

Impreso en España / Printed in Spain

# ESTUDIO PRELIMINAR

### EL AUTOR

Federico García Lorca nació el 5 de junio de 1898 en Fuente Vaqueros, Granada. Creció en el seno de una familia sin penurias económicas siendo el mayor de cinco hermanos. Desde niño, su madre, que era maestra de escuela de oficio, fomentó su gusto por la literatura. Tuvo una buena educación, incluso llegó a vivir con su tutor durante los años de 1906 y 1908, pero tuvo que regresar a Granada tras enfermarse y allí acabaría matriculándose en El Sagrado Corazón de Jesús. Durante su adolescencia llegó a interesarse más por la música que por la literatura e incluso llegó a dar clases de piano. A los 16 años se matriculó en la Universidad de Granada en las carreras de Derecho y Filosofía y Letras, donde comenzó una serie de viajes por el país con sus compañeros de clases gracias a uno de sus profesores. Estos viajes por España serían los que, finalmente, despertarían su vocación como escritor y es cuando Federico empieza a plasmar su opiniones y joven visión del mundo de forma escrita en la prosa que publicaría en 1918 con el libro *Impresiones y paisajes*. Durante esta época solía reunirse con otros jóvenes intelectuales en la tertulia que se daba en el café Alameda, llamada El Rinconcillo.

En 1919 se muda a Madrid para residir en la famosa Residencia de Estudiantes, epicentro del desarrollo y la curiosidad intelectual española de aquella época. Allí viviría hasta 1926 y compartiría su espacio con artistas e intelectuales de la talla de Luis Buñuel, Salvador Dalí y Juan Ramón Jiménez. No solo entraría en contacto con intelectuales nacionales, pues la Residencia de Estudiantes llegó a acoger figuras tan importantes como Albert Einstein o Marie Curie. Esto influiría profundamente en su formación intelectual.

Sus años en la Residencia de Estudiantes lo ayudarían a descubrir la poesía y el drama como sus voces literarias predilectas, géneros que cultivó y revolucionó en su corta vida.

Entre los años de 1919 y 1921 publicaría *Libro de poemas*, estrenó su primera obra teatral, llamada *El maleficio de la mariposa* y se dedicaría a desarrollar otras obras de teatro.

También formó parte de la llamada Generación del 27, época en la que alcanzaría su madurez lírica con varias obras publicadas, entre las que destacan *Canciones* y *Romancero Gitano,* y de la que es considerado como uno de los autores más importantes.

En 1929 viaja a Nueva York para alejarse de dolores personales y buscar inspiración nueva. Este viaje lo marcaría mucho a nivel creativo y sus impresiones están plasmadas en el libro *Poeta en Nueva York,* que, desafortunadamente para García Lorca, sería publicado cuatro años después de su muerte. También recala en La Habana por un tiempo para explorar la cultura y música cubanas y trabajar en proyectos nuevos antes de volver a Madrid en junio de 1930.

En 1931, con la instauración de la Segunda República española, empezaría un proyecto nuevo, codirigiendo un grupo universitario de teatro que representaba las grandes obras del Siglo de Oro por toda España. Este proyecto acabaría de pronto al estallar la Guerra Civil. Hacia 1933 viajaría a Buenos Aires para dirigir una producción de su obra teatral *Bodas de Sangre* y durante seis meses se dedicó a conocer y a compartir con otros escritores latinoamericanos como Pablo Neruda, Ricardo Molinari y Juana de Ibarbourou. A su vuelta a España en 1934 terminaría varias de sus obras dramáticas más famosas, como *Yerma* y *La Casa de Bernarda Alba*, y continuaría la producción teatral y poética. Durante estos dos años previos a la guerra, y con una situación política tensa e insostenible, fue blanco de insultos por parte de medios conservadores, únicamente por mantener amistad con algunos personajes importantes del bando republicano. Por esto, fue declarado enemigo de la derecha.

En 1936 estalla la Guerra Civil española y, a pesar de no ser activista o vocero de ninguno de los bandos involucrados, es apresado por el gobierno en Granada el 16 de agosto de 1936. Apenas dos días después es fusilado y enterrado en una fosa común. La muerte de Lorca ha estado sumida en la polémica desde el primer momento por lo misterioso de sus circunstancias. Sin embargo, la obra del poeta y dramaturgo se convirtió en un símbolo de los ideales republicanos de España y una de las tantas voces adoptadas por la resistencia al régimen franquista.

### BODAS DE SANGRE

Escrita en 1931 y estrenada dos años después en Madrid, *Bodas de Sangre* es una de las obras dramáticas más conocidas de García Lorca y parte de la trilogía lorquiana junto a *La Casa de Bernarda Alba* y *Yerma*.

Una boda se ve amenazada por la sombra del amor irracional y desmedido del anterior pretendiente de la novia, que está dispuesto a lo que sea por recuperar su amor perdido. El tema principal de la obra es el drama ineludible entre la vida y la muerte, rodeado de las supersticiones, mitos y leyendas de la España andaluza. También abunda en ella la simbología ineludible de la muerte, acechando en cada esquina.

*Bodas de Sangre* representa a la perfección la España rural de los años 30, con sus costumbres y sus arquetipos sociales, con sus pugnas entre pasiones y tradiciones religiosas.

Una obra que, en clave lírica y dramática, demuestra una vez más lo mejor de Lorca, en una tragedia en tres actos y siete cuadros.

## La casa de Bernarda Alba

Escrita en 1936, es una de las obras dramáticas más conocidas de García Lorca y parte de la trilogía lorquiana junto a *Bodas de Sangre* y *Yerma*.

Bernarda Alba enviuda por segunda vez a los sesenta años de edad y decide pasar los próximos años de su vida en el luto más absoluto y en el cual pretende sumir también a sus hijas. La obra presenta una visión dramática de la España profunda, de costumbres religiosas férreas, de pueblos y familias dominadas por el "qué dirán" y las apariencias de buenas costumbres cristianas. García Lorca también aprovecha estos tres actos para centrarse totalmente en la mujer y su rol dentro de una sociedad donde es dejada de lado, donde siempre es un personaje secundario. *La casa de Bernarda Alba* es importante no solo por el lirismo de su autor y las desgarradoras escenas familiares que recrea, sino también por su temática y su punto de vista femenino, que siempre es vigente y necesario, y hoy en día más que nunca.

# BODAS DE SANGRE

## POEMA TRÁGICO EN TRES ACTOS Y SIETE CUADROS

# PERSONAJES

MADRE

CRIADA

LEONARDO

MOZOS

NOVIA

VECINA

NOVIO

LEÑADORES

SUEGRA

MUCHACHAS

PADRE DE LA NOVIA

MOZOS

MUJER DE LEONARDO

LUNA

MUERTE

# ACTO PRIMERO
## CUADRO PRIMERO

*Habitación pintada de amarillo.*

**Novio.** *(Entrando)* Madre.

**Madre.** ¿Que?

**Novio.** Me voy.

**Madre.** ¿Adonde?

**Novio.** A la viña. *(Va a salir)*

**Madre.** Espera.

**Novio.** ¿Quieres algo?

**Madre.** Hijo, el almuerzo.

**Novio.** Déjalo. Comeré uvas. Dame la navaja.

**Madre.** ¿Para qué?

**Novio.** *(Riendo)* Para cortarlas.

**Madre.** *(Entre dientes y buscándola)* La navaja, la navaja... Malditas sean todas y el bribón que las inventó.

**Novio.** Vamos a otro asunto.

**Madre.** Y las escopetas, y las pistolas, y el cuchillo más pequeño, y hasta las azadas y los bieldos de la era.

**Novio.** Bueno.

**Madre.** Todo lo que puede cortar el cuerpo de un hombre. Un hombre hermoso, con su flor en la boca, que sale a las viñas o va a sus olivos propios, porque son de él, heredados...

**Novio.** *(Bajando la cabeza)* Calle usted.

**Madre.** ... y ese hombre no vuelve. O si vuelve es para ponerle una palma encima o un plato de sal gorda para que no se hinche. No sé cómo te atreves a llevar una navaja

13

en tu cuerpo, ni cómo yo dejo a la serpiente dentro del arcón.

**NOVIO.** ¿Está bueno ya?

**MADRE.** Cien años que yo viviera no hablaría de otra cosa. Primero, tu padre, que me olía a clavel y lo disfruté tres años escasos. Luego, tu hermano. ¿Y es justo y puede ser que una cosa pequeña como una pistola o una navaja pueda acabar con un hombre, que es un toro? No callaría nunca. Pasan los meses y la desesperación me pica en los ojos y hasta en las puntas del pelo.

**NOVIO.** *(Fuerte)* ¿Vamos a acabar?

**MADRE.** No. No vamos a acabar. ¿Me puede alguien traer a tu padre y a tu hermano? Y luego, el presidio. ¿Qué es el presidio? ¡Allí comen, allí fuman, allí tocan los instrumentos! Mis muertos llenos de hierba, sin hablar, hechos polvo; dos hombres que eran dos geranios... Los matadores, en presidio, frescos, viendo los montes...

**NOVIO.** ¿Es que quiere usted que los mate?

**MADRE.** No... Si hablo, es porque... ¿Cómo no voy a hablar viéndote salir por esa puerta? Es que no me gusta que lleves navaja. Es que.... que no quisiera que salieras al campo.

**NOVIO.** *(Riendo)* ¡Vamos!

**MADRE.** Que me gustaría que fueras una mujer. No te irías al arroyo ahora y bordaríamos las dos cenefas y perritos de lana.

**NOVIO.** *(Coge de un brazo a la Madre y ríe)* Madre, ¿y si yo la llevara conmigo a las viñas?

**MADRE.** ¿Qué hace en las viñas una vieja? ¿Me ibas a meter debajo de los pámpanos?

**NOVIO.** *(Levantándola en sus brazos)* Vieja, revieja, requetevieja.

**Madre.** Tu padre sí que me llevaba. Eso es buena casta. Sangre. Tu abuelo dejó a un hijo en cada esquina. Eso me gusta. Los hombres, hombres, el trigo, trigo.

**Novio.** ¿Y yo, madre?

**Madre.** ¿Tú, qué?

**Novio.** ¿Necesito decírselo otra vez?

**Madre.** *(Seria)* ¡Ah!

**Novio.** ¿Es que le parece mal?

**Madre.** No

**Novio.** ¿Entonces...?

**Madre.** No lo sé yo misma. Así, de pronto, siempre me sorprende. Yo sé que la muchacha es buena. ¿Verdad que sí? Modosa. Trabajadora. Amasa su pan y cose sus faldas, y siento, sin embargo, cuando la nombro, como si me dieran una pedrada en la frente.

**Novio.** Tonterías.

**Madre.** Más que tonterías. Es que me quedo sola. Ya no me queda más que tú, y siento que te vayas.

**Novio.** Pero usted vendrá con nosotros.

**Madre.** No. Yo no puedo dejar aquí solos a tu padre y a tu hermano. Tengo que ir todas las mañanas, y si me voy es fácil que muera uno de los Félix, uno de la familia de los matadores, y lo entierren al lado. ¡Y eso sí que no! ¡Ca! ¡Eso sí que no! Porque con las uñas los desentierro y yo sola los machaco contra la tapia.

**Novio.** *(Fuerte)* Vuelta otra vez.

**Madre.** Perdóname. *(Pausa)* ¿Cuánto tiempo llevas en relaciones?

**NOVIO.** Tres años. Ya pude comprar la viña.

**MADRE.** Tres años. Ella tuvo un novio, ¿no?

**NOVIO.** No sé. Creo que no. Las muchachas tienen que mirar con quien se casan.

**MADRE.** Sí. Yo no miré a nadie. Miré a tu padre, y cuando lo mataron miré a la pared de enfrente. Una mujer con un hombre, y ya está.

**NOVIO.** Usted sabe que mi novia es buena.

**MADRE.** No lo dudo. De todos modos, siento no saber cómo fue su madre.

**NOVIO.** ¿Qué más da?

**MADRE.** *(Mirándole)* Hijo.

**NOVIO.** ¿Qué quiere usted?

**MADRE.** ¡Que es verdad! ¡Que tienes razón! ¿Cuándo quieres que la pida?

**NOVIO.** *(Alegre)* ¿Le parece bien el domingo?

**MADRE.** *(Seria)* Le llevaré los pendientes de azófar, que son antiguos, y tú le compras...

**NOVIO.** Usted entiende más...

**MADRE.** Le compras unas medias caladas, y para ti dos trajes... ¡Tres! ¡No te tengo más que a ti!

**NOVIO.** Me voy. Mañana iré a verla.

**MADRE.** Sí, sí; y a ver si me alegras con seis nietos, o lo que te dé la gana, ya que tu padre no tuvo lugar de hacérmelos a mí.

**NOVIO.** El primero para usted.

**MADRE.** Sí, pero que haya niñas. Que yo quiero bordar y hacer encaje y estar tranquila.

**Novio.** Estoy seguro que usted querrá a mi novia.

**Madre.** La querré. *(Se dirige a besarlo y reacciona)* Anda, ya estás muy grande para besos. Se los das a tu mujer. *(Pausa. Aparte)* Cuando lo sea.

**Novio.** Me voy.

**Madre.** Que caves bien la parte del molinillo, que la tienes descuidada.

**Novio.** ¡Lo dicho!

**Madre.** Anda con Dios.

*(Vase el Novio. La Madre queda sentada de espaldas a la puerta. Aparece en la puerta una Vecina vestida de color oscuro, con pañuelo a la cabeza.)*

**Madre.** Pasa.

**Vecina.** ¿Cómo estás?

**Madre.** Ya ves.

**Vecina.** Yo bajé a la tienda y vine a verte. ¡Vivimos tan lejos...!

**Madre.** Hace veinte años que no he subido a lo alto de la calle.

**Vecina.** Tú estas bien.

**Madre.** ¿Lo crees?

**Vecina.** Las cosas pasan. Hace dos días trajeron al hijo de mi vecina con los dos brazos cortados por la máquina. *(Se sienta.)*

**Madre.** ¿A Rafael?

**VECINA.** Sí. Y allí lo tienes. Muchas veces pienso que tu hijo y el mío están mejor donde están, dormidos, descansando, que no expuestos a quedarse inútiles.

**MADRE.** Calla. Todo eso son invenciones, pero no consuelos.

**VECINA.** ¡Ay!

**MADRE.** ¡Ay! *(Pausa)*

**VECINA.** *(Triste)* ¿Y tu hijo?

**MADRE.** Salió.

**VECINA.** ¡Al fin compró la viña!

**MADRE.** Tuvo suerte.

**VECINA.** Ahora se casará.

**MADRE.** *(Como despertando y acercando su silla a la silla de la Vecina.)* Oye.

**VECINA.** *(En plan confidencial)* Dime.

**MADRE.** ¿Tú conoces a la novia de mi hijo?

**VECINA.** ¡Buena muchacha!

**MADRE.** Sí, pero...

**VECINA.** Pero quien la conozca a fondo no hay nadie. Vive sola con su padre allí, tan lejos, a diez leguas de la casa más cerca. Pero es buena. Acostumbrada a la soledad.

**MADRE.** ¿Y su madre?

**VECINA.** A su madre la conocí. Hermosa. Le relucía la cara como un santo; pero a mí no me gustó nunca. No quería a su marido.

**MADRE.** *(Fuerte)* Pero ¡cuántas cosas sabéis las gentes!

**VECINA.** Perdona. No quisiera ofender; pero es verdad. Ahora, si fue decente o no, nadie lo dijo. De esto no se ha hablado. Ella era orgullosa.

**MADRE.** ¡Siempre igual!

**VECINA.** Tú me preguntaste.

**MADRE.** Es que quisiera que ni a la viva ni a la muerte las conociera nadie. Que fueran como dos cardos, que ninguna persona los nombra y pinchan si llega el momento.

**VECINA.** Tienes razón. Tu hijo vale mucho.

**MADRE.** Vale. Por eso lo cuido. A mí me habían dicho que la muchacha tuvo novio hace tiempo.

**VECINA.** Tendría ella quince años. Él se casó ya hace dos años con una prima de ella, por cierto. Nadie se acuerda del noviazgo.

**MADRE.** ¿Cómo te acuerdas tú?

**VECINA.** ¡Me haces unas preguntas...!

**MADRE.** A cada uno le gusta enterarse de lo que le duele. ¿Quién fue el novio?

**VECINA.** Leonardo.

**MADRE.** ¿Qué Leonardo?

**VECINA.** Leonardo, el de los Félix.

**MADRE.** *(Levantándose)* ¡De los Félix!

**VECINA.** Mujer, ¿qué culpa tiene Leonardo de nada? Él tenía ocho años cuando las cuestiones.

**MADRE.** Es verdad... Pero oigo eso de Félix y es lo mismo *(entre dientes)* Félix que llenárseme de cieno la boca *(escupe)*, y tengo que escupir, tengo que escupir por no matar.

**VECINA.** Repórtate. ¿Qué sacas con eso?

**MADRE.** Nada. Pero tú lo comprendes.

**VECINA.** No te opongas a la felicidad de tu hijo. No le digas nada. Tú estás vieja. Yo, también. A ti y a mí nos toca callar.

**MADRE.** No le diré nada.

**VECINA.** *(Besándola)* Nada.

**MADRE.** *(Serena)* ¡Las cosas...!

**VECINA.** Me voy, que pronto llegará mi gente del campo.

**MADRE.** ¿Has visto qué día de calor?

**VECINA.** Iban negros los chiquillos que llevan el agua a los segadores. Adiós, mujer.

**MADRE.** Adiós.


*(Se dirige a la puerta de la izquierda.*
*En medio del camino se detiene y lentamente se santigua.)*


TELÓN

# ACTO PRIMERO
## CUADRO SEGUNDO

*Habitación pintada de rosa con cobres y ramos de flores*
*populares. En el centro, una mesa con mantel. Es la mañana.*
*Suegra de Leonardo con un niño en brazos. Lo mece.*
*La mujer, en la otra esquina, hace punto de media.*

SUEGRA.

Nana, niño, nana
del caballo grande
que no quiso el agua.
El agua era negra
dentro de las ramas.
Cuando llega el puente
se detiene y canta.
¿Quién dirá, mi niño,
lo que tiene el agua
con su larga cola
por su verde sala?

MUJER. *(Bajo)*

Duérmete, clavel,
que el caballo no quiere beber.

SUEGRA.

Duérmete, rosal,
que el caballo se pone a llorar.
Las patas heridas,
las crines heladas,
dentro de los ojos
un puñal de plata.
Bajaban al río.
¡Ay, cómo bajaban!
La sangre corría

23

más fuerte que el agua.

**MUJER.**

Duérmete, clavel,
que el caballo no quiere beber.

**SUEGRA.**

Duérmete, rosal,
que el caballo se pone a llorar.

**MUJER.**

No quiso tocar
la orilla mojada,
su belfo caliente
con moscas de plata.
A los montes duros
solo relinchaba
con el río muerto
sobre la garganta.
¡Ay caballo grande
que no quiso el agua!
¡Ay dolor de nieve,
caballo del alba!

**SUEGRA.**

¡No vengas! Detente,
cierra la ventana
con rama de sueños
y sueño de ramas.

**MUJER.**

Mi niño se duerme.

**SUEGRA.**

Mi niño se calla.

**Mujer.**

> Caballo, mi niño
> tiene una almohada.

**Suegra.**

> Su cuna de acero.

**Mujer.**

> Su colcha de holanda.

**Suegra.**

> Nana, niño, nana.

**Mujer.**

> ¡Ay caballo grande
> que no quiso el agua!

**Suegra.**

> ¡No vengas, no entres!
> Vete a la montaña.
> Por los valles grises
> donde está la jaca.

**Mujer.** *(Mirando)*

> Mi niño se duerme.

**Suegra.**

> Mi niño descansa.

**Mujer.** *(Bajito)*

> Duérmete, clavel,
> que el caballo no quiere beber.

**Mujer.** *(Levantándose, y muy bajito)*

> Duérmete, rosal.
> que el caballo se pone a llorar.

*(Entran al niño. Entra Leonardo)*

**Leonardo.** ¿Y el niño?

**Mujer.** Se durmió.

**Leonardo.** Ayer no estuvo bien. Lloró por la noche.

**Mujer.** *(Alegre)* Hoy está como una dalia. ¿Y tú? ¿Fuiste a casa del herrador?

**Leonardo.** De allí vengo. ¿Querrás creer? Llevo más de dos meses poniendo herraduras nuevas al caballo y siempre se le caen. Por lo visto se las arranca con las piedras.

**Mujer.** ¿Y no será que lo usas mucho?

**Leonardo.** No. Casi no lo utilizo.

**Mujer.** Ayer me dijeron las vecinas que te habían visto al límite de los llanos.

**Leonardo.** ¿Quién lo dijo?

**Mujer.** Las mujeres que cogen las alcaparras. Por cierto que me sorprendió. ¿Eras tú?

**Leonardo.** No. ¿Qué iba a hacer yo allí en aquel secano?

**Mujer.** Eso dije. Pero el caballo estaba reventando de sudor.

**Leonardo.** ¿Lo viste tú?

**Mujer.** No. Mi madre.

**Leonardo.** ¿Está con el niño?

**Mujer.** Sí. ¿Quieres un refresco de limón?

**Leonardo.** Con el agua bien fría.

**Mujer.** ¡Cómo no viniste a comer!...

**LEONARDO.** Estuve con los medidores del trigo. Siempre entretienen.

**MUJER.** *(Haciendo el refresco y muy tierna)* ¿Y lo pagan a buen precio?

**LEONARDO.** El justo.

**MUJER.** Me hace falta un vestido y al niño una gorra con lazos.

**LEONARDO.** *(Levantándose)* Voy a verlo.

**MUJER.** Ten cuidado, que está dormido.

**SUEGRA.** *(Saliendo)* Pero ¿quién da esas carreras al caballo? Está abajo, tendido, con los ojos desorbitados, como si llegara del fin del mundo.

**LEONARDO.** *(Agrio)* Yo.

**SUEGRA.** Perdona; tuyo es.

**MUJER.** *(Tímida)* Estuvo con los medidores del trigo.

**SUEGRA.** Por mí, que reviente. *(Se sienta.)*


*(Pausa)*


**MUJER.** El refresco. ¿Está frío?

**LEONARDO.** Sí.

**MUJER.** ¿Sabes que piden a mi prima?

**LEONARDO.** ¿Cuándo?

**MUJER.** Mañana. La boda será dentro de un mes. Espero que vendrán a invitarnos.

**LEONARDO.** *(Serio)* No sé.

**SUEGRA.** La madre de él creo que no estaba muy satisfecha con el casamiento.

**LEONARDO.** Y quizá tenga razón. Ella es de cuidado.

**MUJER.** No me gusta que penséis mal de una buena muchacha.

**SUEGRA.** Pero cuando dice eso es porque la conoce. ¿No ves que fue tres años novia suya? *(Con intención.)*

**LEONARDO.** Pero la dejé. *(A su mujer.)* ¿Vas a llorar ahora? ¡Quita! *(La aparta bruscamente las manos de la cara.)* Vamos a ver al niño. *(Entran abrazados.)*

*(Aparece la muchacha, alegre.*
*Entra corriendo)*

**MUCHACHA.** Señora.

**SUEGRA.** ¿Qué pasa?

**MUCHACHA.** Llegó el novio a la tienda y ha comprado todo lo mejor que había.

**SUEGRA.** ¿Vino solo?

**MUCHACHA.** No, con su madre. Seria, alta. *(La imita)* Pero ¡qué lujo!

**SUEGRA.** Ellos tienen dinero.

**MUCHACHA.** ¡Y compraron unas medias caladas!... ¡Ay, qué medias! ¡El sueño de las mujeres en medias! Mire usted: una golondrina aquí *(Señala el tobillo.)*, un barco aquí *(Señala la pantorrilla.)* y aquí una rosa. *(Señala el muslo.)*

**SUEGRA.** ¡Niña!

**Muchacha.** ¡Una rosa con las semillas y el tallo! ¡ Ay! ¡Todo en seda!

**Suegra.** Se van a juntar dos buenos capitales.

*(Aparecen Leonardo y su mujer)*

**Muchacha.** Vengo a deciros lo que están comprando.

**Leonardo.** *(Fuerte)* No nos importa.

**Mujer.** Déjala.

**Suegra.** Leonardo, no es para tanto.

**Muchacha.** Usted dispense. *(Se va llorando.)*

**Suegra.** ¿Qué necesidad tienes de ponerte a mal con las gentes?

**Leonardo.** No le he preguntado su opinión. *(Se sienta)*

**Suegra.** Está bien.

*(Pausa)*

**Mujer.** *(A Leonardo)*¿Qué te pasa? ¿Qué idea te bulle por dentro de cabeza? No me dejes así, sin saber nada...

**Leonardo.** Quita.

**Mujer.** No. Quiero que me mires y me lo digas.

**Leonardo.** Déjame. *(Se levanta.)*

**Mujer.** ¿Adonde vas, hijo?

**Leonardo.** *(Agrio)* ¿Te puedes callar?

**Suegra.** *(Enérgica, a su hija)* ¡Cállate! *(Sale Leonardo)* ¡El niño! *(Entra y vuelve a salircon él en brazos.)* *(La mujer ha permanecido de pie, inmóvil)*

Las patas heridas,
las crines heladas,
dentro de los ojos
un puñal de plata.
Bajaban al río.
La sangre corría
más fuerte que el agua.

**M**UJER. *(Volviéndose lentamente y como soñando)*

Duérmete, clavel,
que el caballo se pone a beber.

**S**UEGRA.

Duérmete, rosal,
que el caballo se pone a llorar.

**M**UJER.

Nana, niño, nana.

**S**UEGRA.

Ay, caballo grande,
que no quiso el agua!

**M**UJER. *(Dramática)*

No vengas, no entres!
Vete a la montaña!
Ay dolor de nieve,
caballo del alba!

**S**UEGRA. *(Llorando)*

Mi niño se duerme...

**M**UJER. *(Llorando y acercándose lentamente)*

Mi niño descansa...

**S**UEGRA.

Duérmete, clavel,
que el caballo no quiere beber.

**MUJER.** *(Llorando y apoyándose sobre la mesa.)*
Duérmete, rosal,
que el caballo se pone a llorar.


TELÓN

# ACTO PRIMERO
## CUADRO TERCERO

*Interior de la cueva donde vive la novia. Al fondo, una cruz de grandes flores rosa. Las puertas, redondas, con cortinajes de encaje y lazos rosa. Por las paredes, de material blanco y duro, abanicos redondos, jarros azules y pequeños espejos.*

CRIADA. Pasen... *(Muy afable, llena de hipocresía humilde. Entran el Novio y su Madre. La Madre viste de raso negro y lleva mantilla de encaje. El Novio, de pana negra con gran cadena de oro.)* ¿Se quieren sentar? Ahora vienen. *(Sale.)* *(Quedan madre e hijo sentados, inmóviles como estatuas. Pausa larga.)*

MADRE. ¿Traes el reloj?

NOVIO. Sí. *(Lo saca y lo mira.)*

MADRE. Tenemos que volver a tiempo. ¡Qué lejos vive esta gente!

NOVIO. Pero estas tierras son buenas.

MADRE. Buenas; pero demasiado solas. Cuatro horas de camino y ni una casa ni un árbol.

NOVIO. Estos son los secanos.

MADRE. Tu padre los hubiera cubierto de árboles.

NOVIO. ¿Sin agua?

MADRE. Ya la hubiera buscado. Los tres años que estuvo casado conmigo, plantó diez cerezos. *(Haciendo memoria.)* Los tres nogales del molino, toda una viña y una planta que se llama Júpiter, que da flores encamadas, y se secó. *(Pausa.)*

NOVIO. *(Por la novia)* Debe estar vistiéndose.

35

*(Entra el padre de la novia. Es anciano, con el cabello blanco, reluciente. Lleva la cabeza inclinada. La madre y el novio se levantan y se dan las manos en silencio.)*

PADRE. ¿Mucho tiempo de viaje?

MADRE. Cuatro horas. *(Se sientan.)*

PADRE. Habéis venido por el camino más largo.

MADRE. Yo estoy ya vieja para andar por las terreras del río.

NOVIO. Se marea. *(Pausa)*

PADRE. Buena cosecha de esparto.

NOVIO. Buena de verdad.

PADRE. En mi tiempo, ni esparto daba esta tierra. Ha sido necesario castigarla y hasta llorarla, para que nos dé algo provechoso.

MADRE. Pero ahora da. No te quejes. Yo no vengo a pedirte nada.

PADRE. *(Sonriendo)* Tú eres más rica que yo. Las viñas valen un capital. Cada pámpano una moneda de plata. Lo que siento es que las tierras.... ¿entiendes?... estén separadas. A mí me gusta todo junto. Una espina tengo en el corazón, y es la huertecilla esa metida entre mis tierras, que no me quieren vender por todo el oro del mundo.

NOVIO. Eso pasa siempre.

PADRE. Si pudiéramos con veinte pares de bueyes traer tus viñas aquí y ponerlas en la ladera. ¡Qué alegría!...

MADRE. ¿Para qué?

PADRE. Lo mío es de ella y lo tuyo de él. Por eso. Para verlo todo junto, ¡que junto es una hermosura!

**Novio.** Y sería menos trabajo.

**Madre.** Cuando yo me muera, vendéis aquello y compráis aquí al lado.

**Padre.** Vender, ¡vender! ¡Bah!; comprar hija, comprarlo todo. Si yo hubiera tenido hijos hubiera comprado todo este monte hasta la parte del arroyo. Porque no es buena tierra; pero con brazos se la hace buena, y como no pasa gente no te roban los frutos y puedes dormir tranquilo. *(Pausa.)*

**Madre.** Tú sabes a lo que vengo.

**Padre.** Sí.

**Madre.** ¿Y qué?

**Padre.** Me parece bien. Ellos lo han hablado.

**Madre.** Mi hijo tiene y puede.

**Padre.** Mi hija también.

**Madre.** Mi hijo es hermoso. No ha conocido mujer. La honra más limpia que una sábana puesta al sol.

**Padre.** Qué te digo de la mía. Hace las migas a las tres, cuando el lucero. No habla nunca; suave como la lana, borda toda clase de bordados y puede cortar una maroma con los dientes.

**Madre.** Dios bendiga su casa.

**Padre.** Que Dios la bendiga.

*(Aparece la Criada con dos bandejas.*
*Una con copas y la otra con dulces.)*

**Madre.** *(Al hijo)* ¿Cuándo queréis la boda?

**Novio.** El jueves próximo.

**PADRE.** Día en que ella cumple veintidós años justos.

**MADRE.** ¡Veintidós años! Esa edad tendría mi hijo mayor si viviera. Que viviría caliente y macho como era, si los hombres no hubieran inventado las navajas.

**PADRE.** En eso no hay que pensar.

**MADRE.** Cada minuto. Métete la mano en el pecho.

**PADRE.** Entonces el jueves. ¿No es así?

**NOVIO.** Así es.

**PADRE.** Los novios y nosotros iremos en coche hasta la iglesia, que está muy lejos, y el acompañamiento en los carros y en las caballerías que traigan.

**MADRE.** Conformes.


*(Pasa la Criada)*


**PADRE.** Dile que ya puede entrar. *(A la Madre.)* Celebraré mucho que te guste.


*(Aparece la novia. Trae las manos caídas en*
*actitud modesta y la cabeza baja.)*


**MADRE.** Acércate. ¿Estás contenta?

**NOVIA.** Sí, señora.

**PADRE.** No debes estar seria. Al fin y al cabo ella va a ser tu madre.

**NOVIA.** Estoy contenta. Cuando he dado el si es porque quiero darlo.

**MADRE.** Naturalmente. *(Le coge la barbilla.)* Mírame.

**PADRE.** Se parece en todo a mi mujer.

**MADRE.** ¿Sí? ¡Qué hermoso mirar! ¿Tú sabes lo que es casarse, criatura?

**NOVIA.** *(Seria)* Lo sé.

**MADRE.** Un hombre, unos hijos y una pared de dos varas de ancho para todo lo demás.

**NOVIO.** ¿Es que hace falta otra cosa?

**MADRE.** No. Que vivan todos, ¡eso! ¡Que vivan!

**NOVIA.** Yo sabré cumplir.

**MADRE.** Aquí tienes unos regalos.

**NOVIA.** Gracias.

**PADRE.** ¿No tomamos algo?

**MADRE.** Yo no quiero. *(Al Novio.)* ¿Y tú?

**NOVIO.** Tomaré. *(Toma un dulce. La Novia toma otro.)*

**PADRE.** *(Al Novio)* ¿Vino?

**MADRE.** No lo prueba.

**PADRE.** ¡Mejor!


*(Pausa. Todos están de pie.)*


**NOVIO.** *(A la Novia)* Mañana vendré.

**NOVIA.** ¿A qué hora?

**NOVIO.** A las cinco.

**NOVIA.** Yo te espero.

**NOVIO.** Cuando me voy de tu lado siento un despego grande y así como un nudo en la garganta.

**NOVIA.** Cuando seas mi marido ya no lo tendrás.

**NOVIO.** Eso digo yo.

**MADRE.** Vamos. El sol no espera. *(Al Padre.)* ¿Conformes en todo?

**PADRE.** Conformes.

**MADRE.** *(A la Criada)* Adiós, mujer.

**CRIADA.** Vayan ustedes con Dios.

*(La Madre besa a la novia y van saliendo en silencio)*

**MADRE.** *(En la puerta)* Adiós, hija. *(La Novia contesta con la mano)*

**PADRE.** Yo salgo con vosotros. *(Salen)*

**CRIADA.** Que reviento por ver los regalos.

**NOVIA.** *(Agria)* Quita.

**CRIADA.** ¡Ay, niña, enséñamelos!

**NOVIA.** No quiero.

**CRIADA.** Siquiera las medias. Dicen que todas son caladas. ¡Mujer!

**NOVIA.** ¡Ea. que no!

**CRIADA.** Por Dios. Está bien. Parece como si no tuvieras ganas de casarte.

**NOVIA.** *(Mordiéndose la mano con rabia)* ¡ Ay!

**CRIADA.** Niña, hija, ¿qué te pasa? ¿Sientes dejar tu vida de reina? No pienses en cosas agrias. ¿Tienes motivo? Ninguno. Vamos a ver los regalos. *(Coge la caja.)*

**NOVIA.** *(Cogiéndola de las muñecas)* Suelta.

40

**CRIADA.** ¡Ay, mujer!

**NOVIA.** Suelta he dicho.

**CRIADA.** Tienes más fuerza que un hombre.

**NOVIA.** ¿No he hecho yo trabajos de hombre? ¡Ojalá fuera!

**CRIADA.** ¡No hables así!

**NOVIA.** Calla he dicho. Hablemos de otro asunto.

*(La luz va desapareciendo de la escena.*

*Pausa larga)*

**CRIADA.** ¿Sentiste anoche un caballo?

**NOVIA.** ¿A qué hora?

**CRIADA.** A las tres.

**NOVIA.** Sería un caballo suelto de la manada.

**CRIADA.** No. Llevaba jinete.

**NOVIA.** ¿Por qué lo sabes?

**CRIADA.** Porque lo vi. Estuvo parado en tu ventana. Me chocó mucho.

**NOVIA.** ¿No sería mi novio? Algunas veces ha pasado a esas horas.

**CRIADA.** No.

**NOVIA.** ¿Tú le viste?

**CRIADA.** Sí.

**NOVIA.** ¿Quién era?

**CRIADA.** Era Leonardo.

**NOVIA.** *(Fuerte)* ¡Mentira! ¡Mentira! ¿A qué viene aquí?

**CRIADA.** Vino.

**NOVIA.** ¡Cállate! ¡Maldita sea tu lengua! *(Se siente el ruido de un caballo.)*

**CRIADA.** *(En la ventana)* Mira, asómate. ¿Era?

**NOVIA.** ¡Era!

## TELÓN

# ACTO SEGUNDO
## CUADRO PRIMERO

*Zaguán de casa de la novia. Portón al fondo. Es de noche. La novia sale con enaguas blancas encañonadas, llenas de encajes y puntas bordadas, y un corpiño blanco, con los brazos al aire. La criada lo mismo.*

CRIADA. Aquí te acabaré de peinar.

NOVIA. No se puede estar ahí dentro, del calor.

CRIADA. En estas tierras no refresca ni al amanecer.

*(Se sienta la novia en una silla baja y se mira en un espejito de mano. La criada la peina.)*

NOVIA. Mi madre era de un sitio donde había muchos árboles. De tierra rica.

CRIADA. ¡Así era ella de alegre!

NOVIA. Pero se consumió aquí.

CRIADA. El sino.

NOVIA. Como nos consumimos todas. Echan fuego las paredes. ¡Ay!, no tires demasiado.

CRIADA. Es para arreglarte mejor esta onda. Quiero que te caiga sobre la frente. *(La Novia se mira en el espejo.)* ¡Qué hermosa estás! ¡Ay! *(La besa apasionadamente.)*

NOVIA. *(Seria)* Sigue peinándome.

CRIADA. *(Peinándola)* ¡Dichosa tú que vas a abrazar a un hombre, que lo vas a besar, que vas a sentir su peso!

NOVIA. Calla.

45

**CRIADA.** Y lo mejor es cuando te despiertes y lo sientas al lado y que él te roza los hombros con su aliento, como con una plumilla de ruiseñor.

**NOVIA.** *(Fuerte.)* ¿Te quieres callar?

**CRIADA.** ¡Pero, niña! Una boda, ¿qué es? Una boda es esto y nada más. ¿Son los dulces? ¿Son los ramos de flores? No. Es una cama relumbrante y un hombre y una mujer.

**NOVIA.** No se debe decir.

**CRIADA.** Eso es otra cosa. ¡Pero es bien alegre!

**NOVIA.** O bien amargo.

**CRIADA.** El azahar te lo voy a poner desde aquí hasta aquí, de modo que la corona luzca sobre el peinado. *(Le prueba un ramo de azahar.)*

**NOVIA.** *(Se mira en el espejo)* Trae. *(Coge el azahar y lo mira y deja caer la cabeza abatida.)*

**CRIADA.** ¿Qué es esto?

**NOVIA.** Déjame.

**CRIADA.** No son horas de ponerse triste. *(Animosa.)* Trae el azahar. *(La Novia tira el azahar.)* ¡Niña! Qué castigo pides tirando al suelo la corona? ¡Levanta esa frente! ¿Es que no te quieres casar? Dilo. Todavía te puedes arrepentir. *(Se levanta.)*

**NOVIA.** Son nublos. Un mal aire en el centro, ¿quién no lo tiene?

**CRIADA.** Tú quieres a tu novio.

**NOVIA.** Lo quiero.

**CRIADA.** Sí, sí, estoy segura.

**NOVIA.** Pero este es un paso muy grande.

**CRIADA.** Hay que darlo.

**NOVIA.** Ya me he comprometido.

**CRIADA.** Te voy a poner la corona.

**NOVIA.** *(Se sienta)* Date prisa, que ya deben ir llegando.

**CRIADA.** Ya llevarán lo menos dos horas de camino.

**NOVIA.** ¿Cuánto hay de aquí a la iglesia?

**CRIADA.** Cinco leguas por el arroyo, que por el camino hay el doble.

*(La novia se levanta y la criada*
*se entusiasma al verla.)*

Despierte la novia
la mañana de la boda.
¡Que los ríos del mundo
lleven tu corona!

**NOVIA.** *(Sonriente)* Vamos.

**CRIADA.** *(La besa entusiasmada y baila alrededor)*

Que despierte
con el ramo verde
del laurel florido.
¡Que despierte
por el tronco y la rama
de los laureles!

*(Se oyen unos aldabonazos.)*

**NOVIA.** ¡Abre! Deben ser los primeros convidados.

*(Entra.)*

*(La Criada abre sorprendida.)*

CRIADA. ¿Tú?

LEONARDO. Yo. Buenos días.

CRIADA. ¡El primero!

LEONARDO. ¿No me han convidado?

CRIADA. Sí.

LEONARDO. Por eso vengo.

CRIADA. ¿Y tu mujer?

LEONARDO. Yo vine a caballo. Ella se acerca por el camino.

CRIADA. ¿No te has encontrado a nadie?

LEONARDO. Los pasé con el caballo.

CRIADA. Vas a matar al animal con tanta carrera.

LEONARDO. ¡Cuando se muera, muerto está!

*(Pausa)*

CRIADA. Siéntate. Todavía no se ha levantado nadie.

LEONARDO. ¿Y la novia?

CRIADA. Ahora mismo la voy a vestir.

LEONARDO. ¡La novia! ¡Estará contenta!

CRIADA. *(Variando la conversación.)* ¿Y el niño?

LEONARDO. ¿Cuál?

**CRIADA.** Tu hijo.

**LEONARDO.** *(Recordando como soñoliento)* ¡Ah!

**CRIADA.** ¿Lo traen?

**LEONARDO.** No.

*(Pausa. Voces cantando muy lejos)*

**VOCES.**

¡Despierte la novia
la mañana de la boda!

**LEONARDO.**

Despierte la novia
la mañana de la boda.

**CRIADA.** Es la gente. Vienen lejos todavía.

**LEONARDO.** *(Levantándose)* La novia llevará una corona grande, ¿no? No debía ser tan grande. Un poco más pequeña le sentaría mejor. ¿Y trajo ya el novio el azahar que se tiene que poner en el pecho?

**NOVIA.** *(Apareciendo todavía en enaguas y con la corona de azahar puesta)* Lo trajo.

**CRIADA.** *(Fuerte)* No salgas así.

**NOVIA.** ¿Qué más da? *(Seria.)* ¿Por qué preguntas si trajeron el azahar? ¿Llevas intención?

**LEONARDO.** Ninguna. ¿Qué intención iba atener? *(Acercándose.)* Tú, que me conoces, sabes que no la llevo. Dímelo. ¿Quién he sido yo para ti? Abre y refresca tu recuerdo. Pero dos bueyes y una mala choza son casi nada. Esa es la espina.

**NOVIA.** ¿A qué vienes?

**LEONARDO.** A ver tu casamiento.

**NOVIA.** ¡También yo vi el tuyo!

**LEONARDO.** Amarrado por ti, hecho con tus dos manos. A mí me pueden matar, pero no me pueden escupir. Y la plata, que brilla tanto, escupe algunas veces.

**NOVIA.** ¡Mentira!

**LEONARDO.** No quiero hablar, porque soy hombre de sangre, y no quiero que todos estos cerros oigan mis voces.

**NOVIA.** Las mías serían más fuertes.

**CRIADA.** Estas palabras no pueden seguir. Tú no tienes que hablar de lo pasado. *(La criada mira a las puertas presa de inquietud.)*

**NOVIA.** Tienes razón. Yo no debo hablarte siquiera. Pero se me calienta el alma de que vengas a verme y atisbar mi boda y preguntes con intención por el azahar. Vete y espera a tu mujer en la puerta.

**LEONARDO.** ¿Es que tú y yo no podemos hablar?

**CRIADA.** *(Con rabia)* No; no podéis hablar.

**LEONARDO.** Después de mi casamiento he pensado noche y día de quién era la culpa, y cada vez que pienso sale una culpa nueva que se come a la otra; pero ¡ siempre hay culpa!

**NOVIA.** Un hombre con su caballo sabe mucho y puede mucho para poder estrujar a una muchacha metida en un desierto. Pero yo tengo orgullo. Por eso me caso. Y me encerraré con mi marido, a quien tengo que querer por encima de todo.

**LEONARDO.** El orgullo no te servirá de nada. *(Se acerca.)*

**NOVIA.** ¡No te acerques!

**LEONARDO.** Callar y quemarse es el castigo más grande que nos podemos echar encima. ¿De qué me sirvió a mí el orgullo y el no mirarte y el dejarte despierta noches y noches? ¡De nada! ¡Sirvió para echarme fuego encima! Porque tú crees que el tiempo cura y que las paredes tapan, y no es verdad, no es verdad. ¡Cuando las cosas llegan a los centros, no hay quien las arranque!

**NOVIA.** *(Temblando)* No puedo oírte. No puedo oír tu voz. Es como si me bebiera una botella de anís y me durmiera en una colcha de rosas. Y me arrastra y sé que me ahogo, pero voy detrás.

**CRIADA.** *(Cogiendo a Leonardo por las solapas)* ¡Debes irte ahora mismo!

**LEONARDO.** Es la última vez que voy a hablar con ella. No temas nada.

**NOVIA.** Y sé que estoy loca y sé que tengo el pecho podrido de aguantar, y aquí estoy quieta por oírlo, por verlo menear los brazos.

**LEONARDO.** No me quedo tranquilo si no te digo estas cosas. Yo me casé. Cásate tú ahora.

**CRIADA.** *(A Leonardo)* ¡Y se casa!

**VOCES.** *(Cantando más cerca)*

> Despierte la novia
> la mañana de la boda.

**NOVIA.** ¡Despierte la novia! *(Sale corriendo a su cuarto.)*

**CRIADA.** Ya está aquí la gente. *(A Leonardo)* No te vuelvas a acercar a ella.

**LEONARDO.** Descuida. *(Sale por la izquierda.)*

*(Empieza a clarear el día.)*

**MUCHACHA 1.** *(Entrando)*

> Despierte la novia
> la mañana de la boda;
> ruede la ronda
> y en cada balcón una corona.

**VOCES.**

> ¡Despierte la novia!

**CRIADA.** *(Moviendo algazara)*

> Que despierte
> con el ramo verde
> del amor florido.
> ¡Que despierte
> por el tronco y la rama
> de los laureles!

**MUCHACHA 2.** *(Entrando)*

> Que despierte
> con el largo pelo,
> camisa de nieve,
> botas de charol y plata
> y jazmines en la frente.

**CRIADA.**

> ¡Ay pastora,
> que la luna asoma!

**MUCHACHA 1.**

> ¡Ay galán,
> deja tu sombrero por el olivar!

**MOZO 1.** *(Entrando con el sombrero en alto)*

Despierte la novia.
que por los campos viene
rondando la boda,
con bandejas de dalias
y panes de gloria.

**VOCES.**

¡Despierte la novia!

**MUCHACHA 2.**

La novia
se ha puesto su blanca corona,
y el novio
se la prende con lazos de oro.

**CRIADA.**

Por el toronjil
la novia no puede dormir.

**MUCHACHA 3.** *(Entrando)*

Por el naranjel
el novio le ofrece cuchara y mantel.

*(Entran tres convidados.)*

**MOZO 1.**

¡Despierta, paloma!
El alba despeja
campanas de sombra.

**CONVIDADO.**

La novia, la blanca novia,

hoy doncella,
mañana señora.

**MUCHACHA 1.**

Baja, morena,
arrastrando tu cola de seda.

**CONVIDADO.**

Baja, morenita.
que llueve rocío la mañana fría.

**MOZO 1.**

Despertad, señora, despertad,
porque viene el aire lloviendo azahar.

**CRIADA.**

Un árbol quiero bordarle
lleno de cintas granates
y en cada cinta un amor
con vivas alrededor.

**VOCES.**

Despierte la novia.

**MOZO 1.**

¡La mañana de la boda!

**CONVIDADO.**

La mañana de la boda
qué galana vas a estar,
pareces, flor de los montes,
la mujer de un capitán.

**PADRE.** *(Entrando)*

La mujer de un capitán
se lleva el novio.

¡Ya viene con sus bueyes por el tesoro!

**MUCHACHA 3.**

El novio
parece la flor del oro.
Cuando camina,
a sus plantas se agrupan las clavellinas.

**CRIADA.**

¡Ay mi niña dichosa!

**MOZO 2.**

Que despierte la novia.

**CRIADA.**

¡Ay mi galana!

**MUCHACHA 1.**

La boda está llamando
por las ventanas.

**MUCHACHA 2.**

Que salga la novia.

**MUCHACHA 1.**

¡Que salga, que salga!

**CRIADA.**

¡Que toquen y repiquen
las campanas!

**MOZO 1.**

¡Que viene aquí! ¡Que sale ya!

**CRIADA.**

¡Como un toro, la boda
levantándose está!

*(Aparece la Novia. Lleva un traje negro mil novecientos, con caderas y larga cola rodeada de gasas plisadas y encajes duros. Sobre el peinado de visera lleva la corona de azahar. Suenan las guitarras. Las Muchachas besan a la novia.)*

MUCHACHA 3. ¿Qué esencia te echaste en el pelo?

NOVIA. *(Riendo)* Ninguna.

MUCHACHA 2. *(Mirando el traje)* La tela es de lo que no hay.

MOZO 1. ¡Aquí está el novio!

NOVIO. ¡Salud!

MUCHACHA 1. *(Poniéndole una flor en la oreja)*

El novio
parece la flor del oro.

MUCHACHA 2.

¡Aires de sosiego
le manan los ojos!

*(El Novio se dirige al lado de la Novia.)*

NOVIA. ¿Por qué te pusiste esos zapatos?

NOVIO. Son más alegres que los negros.

MUJER DE LEONARDO. *(Entrando y besando a la Novia)* ¡Salud!

*(Hablan todas con algazara.)*

LEONARDO. *(Entrando como quien cumple un deber)*

La mañana de casada
la corona te ponemos.

**MUJER.**

¡Para que el campo se alegre
con el agua de tu pelo!

**MADRE.** *(Al Padre)* ¿También están ésos aquí?

**PADRE.** Son familia. ¡Hoy es día de perdones!

**MADRE.** Me aguanto, pero no perdono.

**NOVIO.** ¡Con la corona da alegría mirarte!

**NOVIA.** ¡Vámonos pronto a la iglesia!

**NOVIO.** ¿Tienes prisa?

**NOVIA.** Sí. Estoy deseando ser tu mujer y quedarme sola contigo, y no oír más voz que la tuya.

**NOVIO.** ¡Eso quiero yo!

**NOVIA.** Y no ver más que tus ojos. Y que me abrazaras tan fuerte, que aunque me llamara mi madre, que está muerta, no me pudiera despegar de ti.

**NOVIO.** Yo tengo fuerza en los brazos. Te voy a abrazar cuarenta años seguidos.

**NOVIA.** *(Dramática, cogiéndole del brazo)* ¡Siempre!

**PADRE.** ¡Vamos pronto! ¡A coger las caballerías y los carros! Que ya ha salido el sol.

**MADRE.** ¡Que llevéis cuidado! No sea que tengamos mala hora.

*(Se abre el gran portón del fondo.*

*Empiezan a salir.)*

**CRIADA.** *(Llorando)*

> Al salir de tu casa,
> blanca doncella,
> acuérdate que sales
> como una estrella...

**MUCHACHA 1.**

> Limpia de cuerpo y ropa
> al salir de tu casa para la boda.

*(Van saliendo.)*

**MUCHACHA 2.**

> ¡Ya sales de tu casa
> para la iglesia!

**CRIADA.**

> ¡El aire pone flores
> por las arenas!

**MUCHACHA 3.**

> ¡Ay la blanca niña!

**CRIADA.**

> Aire oscuro el encaje
> de su mantilla.

*(Salen. Se oyen guitarras, palillos y panderetas.*
*Quedan solos Leonardo y su mujer.)*

**Mujer.** Vamos.

**Leonardo.** ¿Adonde?

**Mujer.** A la iglesia. Pero no vas en el caballo. Vienes conmigo.

**Leonardo.** ¿En el carro?

**Mujer.** ¿Hay otra cosa?

**Leonardo.** Yo no soy hombre para ir en carro.

**Mujer.** Y yo no soy mujer para ir sin su marido a un casamiento. ¡Que no puedo más!

**Leonardo.** ¡Ni yo tampoco!

**Mujer.** ¿Por qué me miras así? Tienes una espina en cada ojo.

**Leonardo.** ¡Vamos!

**Mujer.** No sé lo que pasa. Pero pienso y no quiero pensar. Una cosa sé. Yo ya estoy despachada. Pero tengo un hijo. Y otro que viene. Vamos andando. El mismo sino tuvo mi madre. Pero de aquí no me muevo.


*(Voces fuera.)*


**Voces.**

> ¡Al salir de tu casa
> para la iglesia,
> acuérdate que sales
> como una estrella!

**Mujer.** *(Llorando)*

> ¡Acuérdate que sales
> como una estrella!

Así salí yo de mi casa también.
Que me cabía todo el campo en la boca.

**LEONARDO.** *(Levantándose)* Vamos.

**MUJER.** ¡Pero conmigo!

**LEONARDO.** Sí. *(Pausa.)* ¡Echa a andar! *(Salen.)*

**VOCES.**

Al salir de tu casa
para la iglesia,
acuérdate que sales
como una estrella.

## TELÓN

# ACTO SEGUNDO
## CUADRO SEGUNDO

*Exterior de la cueva de la Novia. Entonación en blancos grises y azules fríos. Grandes chumberas. Tonos sombríos y plateados. Panorama de mesetas color barquillo, todo endurecido como paisaje de cerámica popular.*

CRIADA. *(Arreglando en una mesa copas y bandejas)*

Giraba,
giraba la rueda
y el agua pasaba,
porque llega la boda,
que se aparten las ramas
y la luna se adorne
por su blanca baranda.

Pon los manteles! *(En voz alta)*

Cantaban. *(En voz patética.)*

Cantaban los novios
y el agua pasaba,
porque llega la boda,
que relumbre la escarcha
y se llenen de miel
las almendras amargas.

¡Prepara el vino! *(En voz alta)*

Galana. *(En voz patética.)*

Galana de la tierra,
mira cómo el agua pasa.

Porque llega tu boda
recógete las faldas
y bajo el ala del novio
nunca salgas de tu casa.

Porque el novio es un palomo

con todo el pecho de brasa
y espera el campo el rumor
. de la sangre derramada.

Giraba,
giraba la rueda
y el agua pasaba.
¡Porque llega tu boda,
deja que relumbre el agua!

**MADRE.** *(Entrando)* ¡Por fin!

**PADRE.** ¿Somos los primeros?

**CRIADA.** No. Hace rato llegó Leonardo con su mujer. Corrieron como demonios. La mujer llegó muerta de miedo. Hicieron el camino como si hubieran venido a caballo.

**PADRE.** Ese busca la desgracia. No tiene buena sangre.

**MADRE.** ¿Qué sangre va a tener? La de toda su familia. Mana de su bisabuelo, que empezó matando, y sigue en toda la mala ralea, manejadores de cuchillos y gente de falsa sonrisa.

**PADRE.** ¡Vamos a dejarlo!

**CRIADA.** ¿Cómo lo va a dejar?

**MADRE.** Me duele hasta la punta de las venas. En la frente de todos ellos yo no veo más que la mano con que mataron a lo que era mío. ¿Tú me ves a mí? ¿No te parezco loca? Pues es loca de no haber gritado todo lo que mi pecho necesita. Tengo en mi pecho un grito siempre puesto de pie a quien tengo que castigar y meter entre los mantos. Pero me llevan a los muertos y hay que callar. Luego la gente critica. *(Se quita el manto)*

**PADRE.** Hoy no es día de que te acuerdes de esas cosas.

**MADRE.** Cuando sale la conversación, tengo que hablar. Y hoy más. Porque hoy me quedo sola en mi casa.

**PADRE.** En espera de estar acompañada.

**MADRE.** Esa es mi ilusión: los nietos. *(Se sientan.)*

**PADRE.** Yo quiero que tengan muchos. Esta tierra necesita brazos que no sean pagados. Hay que sostener una batalla con las malas hierbas, con los cardos, con los pedruscos que salen no se sabe dónde. Y estos brazos tienen que ser de los dueños, que castiguen y que dominen, que hagan brotar las simientes. Se necesitan muchos hijos.

**MADRE.** ¡Y alguna hija! ¡Los varones son del viento! Tienen por fuerza que manejar armas. Las niñas no salen jamás a la calle.

**PADRE.** *(Alegre)* Yo creo que tendrán de todo.

**MADRE.** Mi hijo la cubrirá bien. Es de buena simiente. Su padre pudo haber tenido conmigo muchos hijos.

**PADRE.** Lo que yo quisiera es que esto fuera cosa de un día. Que en seguida tuvieran dos o tres hombres.

**MADRE.** Pero no es así. Se tarda mucho. Por eso es tan terrible ver la sangre de una derramada por el suelo. Una fuente que corre un minuto y a nosotros nos ha costado años. Cuando yo llegué a ver a mi hijo, estaba tumbado en mitad de la calle. Me mojé las manos de sangre y me las lamí con la lengua. Porque era mía. Tú no sabes lo que es eso. En una custodia de cristal y topacios pondría yo la tierra empapada por ella.

**PADRE.** Ahora tienes que esperar. Mi hija es ancha y tu hijo es fuerte.

**MADRE.** Así espero. *(Se levantan.)*

**PADRE.** Prepara las bandejas de trigo.

**CRIADA.** Están preparadas.

**Mujer de** LEONARDO. *(Entrando)* ¡Que sea para bien!

MADRE. Gracias.

LEONARDO. ¿Va a haber fiesta?

PADRE. Poca. La gente no puede entretenerse.

PADRE. ¡Ya están aquí!


*(Van entrando invitados en alegres grupos.
Entran los novios cogidos del brazo.
Sale Leonardo.)*

NOVIO. En ninguna boda se vio tanta gente.

NOVIA. *(Sombría)* En ninguna.

PADRE. Fue lucida.

MADRE. Ramas enteras de familias han venido.

NOVIO. Gente que no salía de su casa.

MADRE. Tu padre sembró mucho y ahora lo recoges tú.

NOVIO. Hubo primos míos que yo ya no conocía.

MADRE. Toda la gente de la costa.

NOVIO. *(Alegre)* Se espantaban de los caballos.


*(Hablan.)*


MADRE. *(A la Novia)* ¿Qué piensas?

NOVIA. No pienso en nada.

MADRE. Las bendiciones pesan mucho.

*(Se oyen guitarras.)*

**Novia.** Como el plomo.

**Madre.** *(Fuerte.)* Pero no han de pesar. Ligera como paloma debes ser.

**Novia.** ¿Se queda usted aquí esta noche?

**Madre.** No. Mi casa está sola.

**Novia.** ¡Debía usted quedarse!

**Padre.** *(A la Madre)* Mira el baile que tienen formado. Bailes de allá de la orilla del mar.

*(Sale Leonardo y se sienta.*
*Su mujer, detrás de él en actitud rígida.)*

**Madre.** Son los primos de mi marido. Duros como piedras para la danza.

**Padre.** Me alegra el verlos. ¡Qué cambio para esta casa! *(Se va.)*

**Novio.** *(A la Novia)* ¿Te gustó el azahar?

**Novia.** *(Mirándole fija)* Sí.

**Novio.** Es todo de cera. Dura siempre. Me hubiera gustado que llevaras en todo el vestido.

**Novia.** No hace falta.

*(Mutis Leonardo por la derecha.)*

**Muchacha 1.** Vamos a quitarle los alfileres.

**NOVIA.** *(Al Novio)* Ahora vuelvo.

**MUJER.** ¡Que seas feliz con mi prima!

**NOVIO.** Tengo seguridad.

**MUJER.** Aquí los dos; sin salir nunca y a levantar la casa. ¡Ojalá yo viviera también así de lejos!

**NOVIO.** ¿Por qué no compráis tierras? El monte es barato y los hijos se crían mejor.

**MUJER.** No tenemos dinero. ¡Y con el camino que llevamos!

**NOVIO.** Tu marido es un buen trabajador.

**MUJER.** Sí, pero le gusta volar demasiado. Ir de una cosa a otra. No es hombre tranquilo.

**CRIADA.** ¿No tomáis nada? Te voy a envolver unos roscos de vino para tu madre, que a ella le gustan mucho.

**NOVIO.** Ponle tres docenas.

**MUJER.** No, no. Con media tiene bastante.

**NOVIO.** Un día es un día.

**MUJER.** *(A la criada)* ¿Y Leonardo?

**CRIADA.** No lo vi.

**NOVIO.** Debe estar con la gente.

**MUJER.** ¡Voy a ver! *(Se va.)*

**CRIADA.** Aquello está hermoso.

**NOVIO.** ¿Y tú no bailas?

**CRIADA.** No hay quien me saque.

*(Pasan al fondo dos Muchachas, durante todo este acto, el fondo será un animado cruce de figuras.)*

**NOVIO.** *(Alegre)* Eso se llama no entender. Las viejas frescas como tú bailan mejor que las jóvenes.

**CRIADA.** Pero ¿vas a echarme requiebros, niño? ¡Qué familia la tuya! ¡Machos entre los machos! Siendo niña vi la boda de tu abuelo. ¡Qué figura! Parecía como si se casara un monte.

**NOVIO.** Yo tengo menos estatura.

**CRIADA.** Pero el mismo brillo en los ojos. ¿Y la niña?

**NOVIO.** Quitándose la toca.

**CRIADA.** ¡Ah! Mira. Para la medianoche, como no dormiréis, os he preparado jamón y unas copas grandes de vino antiguo. En la parte baja de la alacena. Por si lo necesitáis.

**NOVIO.** *(Sonriente)* No como a medianoche.

**CRIADA.** *(Con malicia)* Si tú no, la novia. *(Se va.)*

**MOZO 1.** *(Entrando)* ¡Tienes que beber con nosotros!

**NOVIO.** Estoy esperando a la novia.

**MOZO 2.** ¡Ya la tendrás en la madrugada!

**MOZO 1.** ¡Que es cuando más gusta!

**MOZO 2.** Un momento.

**NOVIO.** Vamos.


*(Salen. Se oye gran algazara. Sale la Novia. Por el lado opuesto salen dos Muchachas corriendo a encontrarla.)*


**MUCHACHA 1.** ¿A quién diste el primer alfiler, a mí o a esta?

**NOVIA.** No me acuerdo.

**MUCHACHA 1.** A mí me lo diste aquí.

**MUCHACHA 2.** A mí delante del altar.

**NOVIA.** *(Inquieta y con una gran lucha interior.)* No sé nada.

**MUCHACHA 1.** Es que yo quisiera que tú...

**NOVIA.** *(Interrumpiendo.)* Ni me importa. Tengo mucho que pensar.

**MUCHACHA 2.** Perdona.


*(Leonardo cruza el fondo.)*


**NOVIA.** *(Ve a Leonardo)* Y estos momentos son agitados.

**MUCHACHA 1.** ¡Nosotras no sabemos nada!

**NOVIA.** Ya lo sabréis cuando os llegue la hora. Estos pasos son pasos que cuestan mucho.

**MUCHACHA 1.** ¿Te ha disgustado?

**NOVIA.** No. Perdonad vosotras.

**MUCHACHA 2.** ¿De qué? Pero los dos alfileres sirven para casarse, ¿verdad?

**NOVIA.** Los dos.

**MUCHACHA 1.** Ahora, que una se casa antes que otra.

**NOVIA.** ¿Tantas ganas tenéis?

**MUCHACHA 2.** *(Vergonzosa)* Sí.

**NOVIA.** ¿Para qué?

**MUCHACHA 1.** Pues... *(Abrazando a la segunda.)*


*(Echan a correr las dos. Llega el Novio y, muy despacio,*

*abraza a la Novia por detrás.)*

NOVIA. *(Con gran sobresalto)* ¡Quita!

NOVIO. ¿Te asustas de mí?

NOVIA. ¡Ay! ¿Eras tú?

NOVIO. ¿Quién iba a ser? *(Pausa.)* Tu padre o yo.

NOVIA. ¡Es verdad!

NOVIO. Ahora que tu padre te hubiera abrazado más blando.

NOVIA. *(Sombría)* ¡Claro!

NOVIO. Porque es viejo. *(La abraza fuertemente de un modo un poco brusco.)*

NOVIA. *(Seca)* ¡Déjame!

NOVIO. ¿Por qué? *(La deja.)*

NOVIA. Pues... la gente. Pueden vemos.

*(Vuelve a cruzar el fondo la Criada,
que no mira a los novios.)*

NOVIO. ¿Y qué? Ya es sagrado.

NOVIA. Sí. pero déjame... Luego.

NOVIO. ¿Qué tienes? ¡Estás como asustada!

NOVIA. No tengo nada. No te vayas.

*(Sale la mujer de Leonardo.)*

**MUJER.** No quiero interrumpir...

**NOVIO.** Dime.

**MUJER.** ¿Pasó por aquí mi marido?

**NOVIO.** No.

**MUJER.** Es que no le encuentro y el caballo no está tampoco en el establo.

**NOVIO.** *(Alegre)* Debe estar dándole una carrera.

*(Se va la Mujer, inquieta. Sale la Criada.)*

**CRIADA.** ¿No andáis satisfechos de tanto saludo?

**NOVIO.** Yo estoy deseando que esto acabe. La novia está un poco cansada.

**CRIADA.** ¿Qué es eso. niña?

**NOVIA.** ¡Tengo como un golpe en las sienes!

**CRIADA.** Una novia de estos montes debe ser fuerte. *(Al Novio.)* Tú eres el único que la puedes curar, porque tuya es. *(Sale corriendo.)*

**NOVIO.** *(Abrazándola)* Vamos un rato al baile. *(La besa.)*

**NOVIA.** *(Angustiada)* No. Quisiera echarme en la cama un poco.

**NOVIO.** Yo te haré compañía.

**NOVIA.** ¡Nunca! ¿Con toda la gente aquí? ¿Qué dirían? Déjame sosegar un momento.

**NOVIO.** ¡Lo que quieras! ¡Pero no estés así por la noche!

**NOVIA.** *(En la puerta)* A la noche estaré mejor.

**Novio.** ¡Que es lo que yo quiero!

*(Aparece la Madre.)*

**Madre.** Hijo.

**Novio.** ¿Dónde anda usted?

**Madre.** En todo ese ruido. ¿Estás contento?

**Novio.** Sí.

**Madre.** ¿Y tu mujer?

**Novio.** Descansa un poco. ¡Mal día para las novias!

**Madre.** ¿Mal día? El único bueno. Para mí fue como una herencia. *(Entra la Criada y se dirige al cuarto de la Novia.)* Es la roturación de las tierras, la plantación de árboles nuevos.

**Novio.** ¿Usted se va a ir?

**Madre.** Sí. Yo tengo que estar en mi casa.

**Novio.** Sola.

**Madre.** Sola, no. Que tengo la cabeza llena de cosas y de hombres y de luchas.

**Novio.** Pero luchas que ya no son luchas.

*(Sale la criada rápidamente;*
*desaparece corriendo por el fondo.)*

**Madre.** Mientras una vive, lucha.

**Novio.** ¡Siempre la obedezco!

**MADRE.** Con tu mujer procura estar cariñoso, y si la notas infautada o arisca, hazle una caricia que le produzca un poco de daño, un abrazo fuerte, un mordisco y luego un beso suave. Que ella no pueda disgustarse, pero que sienta que tú ères el macho, el amo, el que mandas. Así aprendí de tu padre. Y como no lo tienes, tengo que ser yo la que te enseñe estas fortalezas.

**NOVIO.** Yo siempre haré lo que usted mande.

**PADRE.** *(Entrando)* ¿Y mi hija?

**NOVIO.** Está dentro.

**MUCHACHA 1.** ¡Vengan los novios, que vamos a bailar la rueda!

**MOZO 1.** *(Al novio)* Tú la vas a dirigir

**PADRE.** *(Saliendo)* ¡Aquí no está!

**NOVIO.** ¿No?

**PADRE.** Debe haber subido a la baranda.

**NOVIO.** ¡Voy a ver! *(Entra.)*

*(Se oye algazara y guitarras.)*

**MUCHACHA 1.** ¡Ya ha empezado! *(Sale.)*

**NOVIO.** *(Saliendo)* No está.

**MADRE.** *(Inquieta)* ¿No?

**PADRE.** ¿Y adonde puede haber ido?

**CRIADA.** *(Entrando)* Y la niña, ¿donde está?

**MADRE.** *(Seria)* No lo sabemos.

*(Sale el Novio. Entran tres invitados.)*

**PADRE.** *(Dramático)* Pero ¿no está en el baile?

**CRIADA.** En el baile no está.

**PADRE.** *(Con arranque)* Hay mucha gente. ¡Mirad!

**CRIADA.** ¡Ya he mirado!

**PADRE.** *(Trágico)* ¿Pues dónde está?

**NOVIO.** *(Entrando)* Nada. En ningún sitio.

**MADRE.** *(Al Padre)* ¿Qué es esto? ¿Dónde está tu hija?

*(Entra la mujer de Leonardo.)*

**MUJER.** ¡Han huido! ¡Han huido! Ella y Leonardo. En el caballo. Van abrazados, como una exhalación.

**PADRE.** ¡No es verdad! ¡Mi hija, no!

**MADRE.** ¡Tu hija, sí! Planta de mala madre, y él, él también, él. Pero ¡ya es la mujer de mi hijo!

**NOVIO.** *(Entrando)* ¡Vamos detrás! ¿Quién tiene un caballo?

**MADRE.** ¿Quién tiene un caballo ahora mismo, quién tiene un caballo? Que le daré todo lo que tengo, mis ojos y hasta mi lengua...

**VOZ.** Aquí hay uno.

**MADRE.** *(Al Hijo)* ¡Anda! ¡Detrás! *(Salen con dos mozos.)* No. No vayas. Esa gente mata pronto y bien...; pero sí, corre, y yo detrás!

**PADRE.** No será ella. Quizá se haya tirado al aljibe.

**MADRE.** Al agua se tiran las honradas, las limpias; ¡esa, no! Pero ya es mujer de mi hijo. Dos bandos. Aquí hay ya dos bandos. *(Entran todos.)* Mi familia y la tuya. Salid todos de aquí. Limpiarse el polvo de los zapatos. Vamos a ayudar a mi hijo. *(La gente se separa en dos grupos.)* Porque tiene gente; que son: sus primos del mar y todos los que llegan de tierra adentro. ¡Fuera de aquí! Por todos los caminos. Ha llegado otra vez la hora de la sangre. Dos bandos. Tú con el tuyo y yo con el mío. ¡Atrás! ¡Atrás!

TELÓN

# ACTO TERCERO
## CUADRO PRIMERO

*Bosque. Es de noche. Grandes troncos húmedos.*
*Ambiente oscuro. Se oyen dos violines.*
*Salen tres leñadores.*

LEÑADOR 1. ¿Y los han encontrado?

LEÑADOR 2. No. Pero los buscan por todas partes.

LEÑADOR 3. Ya darán con ellos.

LEÑADOR 2. ¡Chisss!

LEÑADOR 3. ¿Qué?

LEÑADOR 2. Parece que se acercan por todos los caminos a la vez.

LEÑADOR 1. Cuando salga la luna los verán.

LEÑADOR 2. Debían dejarlos.

LEÑADOR 1. El mundo es grande. Todos pueden vivir de él.

LEÑADOR 3. Pero los matarán.

LEÑADOR 2. Hay que seguir la inclinación: han hecho bien en huir.

LEÑADOR 1. Se estaban engañando uno a otro y al fin la sangre pudo más.

LEÑADOR 3. ¡La sangre!

LEÑADOR 1. Hay que seguir el camino de la sangre.

LEÑADOR 2. Pero sangre que ve la luz se la bebe la tierra.

LEÑADOR 1. ¿Y qué? Vale más ser muerto desangrado que vivo con ella podrida.

LEÑADOR 3. Callar.

LEÑADOR 1. ¿Qué? ¿Oyes algo?

LEÑADOR 3. Oigo los grillos, las ranas, el acecho de la noche.

**LEÑADOR 1.** Pero el caballo no se siente.

**LEÑADOR 3.** No

**LEÑADOR 1.** Ahora la estará queriendo.

**LEÑADOR 2.** El cuerpo de ella era para él y el cuerpo de él para ella.

**LEÑADOR 3.** Los buscan y los matarán.

**LEÑADOR 1.** Pero ya habrán mezclado sus sangres y serán como dos cántaros vacíos, como dos arroyos secos.

**LEÑADOR 2.** Hay muchas nubes y será fácil que la luna no salga.

**LEÑADOR 3.** El novio los encontrará con luna o sin luna. Yo lo vi salir. Como una estrella furiosa. La cara color ceniza. Expresaba el sino de su casta.

**LEÑADOR 1.** Su casta de muertos en mitad de la calle.

**LEÑADOR 2.** ¡Eso es!

**LEÑADOR 3.** ¿Crees que ellos lograrán romper el cerco?

**LEÑADOR 2.** Es difícil. Hay cuchillos y escopetas a diez leguas a la redonda.

**LEÑADOR 3.** Él lleva buen caballo.

**LEÑADOR 2.** Pero lleva una mujer.

**LEÑADOR 1.** Ya estamos cerca.

**LEÑADOR 2.** Un árbol de cuarenta ramas. Lo cortaremos pronto.

**LEÑADOR 3.** Ahora sale la luna. Vamos a damos prisa.

*(Por la izquierda surge una claridad)*

**LEÑADOR 1.**

¡Ay luna que sales!
Luna de las hojas grandes.

**Leñador 2.**

¡Llena de jazmines de sangre!

**Leñador 1.**

¡Ay luna sola!
¡Luna de las verdes hojas!

**Leñador 2.**

Plata en la cara de la novia.

**Leñador 3.**

¡Ay luna mala!
Deja para el amor la oscura rama.

**Leñador 1.**

¡Ay triste luna!
¡Deja para el amor la rama oscura!


*(Salen. Por la claridad de la izquierda aparece la Luna.
La Luna es un Leñador joven, con la cara blanca.
La escena adquiere un vivo resplandor azul.)*


**Luna.**

Cisne redondo en el río,
ojo de las catedrales,
alba fingida en las hojas
soy; ¡no podrán escaparse!
¿Quién se oculta? ¿Quién solloza
por la maleza del valle?
La luna deja un cuchillo

abandonado en el aire,
que siendo acecho de plomo
quiere ser dolor de sangre.
¡Dejadme entrar! ¡Vengo helada
por paredes y cristales!
¡Abrid tejados y pechos
donde pueda calentarme!
¡Tengo frío! Mis cenizas
de soñolientos metales
buscan la cresta del fuego
por los montes y las calles.
Pero me lleva la nieve
sobre su espalda de jaspe,
y me anega, dura y fría,
el agua de los estanques.
Pues esta noche tendrán
mis mejillas roja sangre,
y los juncos agrupados
en los anchos pies del aire.
¡No haya sombra ni emboscada.
que no puedan escaparse!
¡ Que quiero entrar en un pecho
para poder calentarme!
¡Un corazón para mí!
¡Caliente!, que se derrame
por los montes de mi pecho;
dejadme entrar, ¡ay, dejadme! (A las ramas.)
No quiero sombras. Mis rayos
han de entrar en todas partes,
y haya en los troncos oscuros
un rumor de claridades,
para que esta noche tengan
mis mejillas dulce sangre,
y los juncos agrupados

en los anchos pies del aire.
¿Quién se oculta? ¡Afuera digo!
¡No! ¡No podrán escaparse!
Yo haré lucir al caballo
una fiebre de diamante.

*(Desaparece entre los troncos y vuelve la escena a su luz oscura.*
*Sale una anciana totalmente cubierta por tenues paños*
*verdeoscuros. Lleva los pies descalzos. Apenas si se le verá*
*el rostro entre los pliegues. Este personaje no figura en el reparto.)*

**MENDIGA.**

Esa luna se va, y ellos se acercan.
De aquí no pasan. El rumor del río
apagará con el rumor de troncos
el desgarrado vuelo de los gritos.
Aquí ha de ser, y pronto. Estoy cansada.
Abren los cofres, y los blancos hilos
aguardan por el suelo de la alcoba
cuerpos pesados con el cuello herido.
No se despierte un pájaro y la brisa,
recogiendo en su falda los gemidos,
huya con ellos por las negras copas
o los entierre por el blanco limo.
¡Esa luna, esa luna! *(Impaciente.)*
¡Esa luna, esa luna!

*(Aparece la luna. Vuelve la luz intensa.)*

**LUNA.**

Ya se acercan.
Unos por la cañada y otros por el río.

Voy a alumbrar las piedras. ¿Qué necesitas?

**MENDIGA.**

Nada.

**LUNA.**

El aire va llegando duro, con doble filo.

**MENDIGA.**

Ilumina el chaleco y aparta los botones,
que después las navajas ya saben el camino.

**LUNA.**

Pero que tarden mucho en morir. Que la sangre
me ponga entre los dedos su delicado silbo.
¡Mira que ya mis valles de ceniza despiertan
en ansia de esta fuente de chorro estremecido!

**MENDIGA.** No dejemos que pasen el arroyo. ¡Silencio!

**LUNA.** ¡Allí vienen!

*(Se va. Queda la escena a oscuras.)*

**MENDIGA.**

¡De prisa! Mucha luz. ¿Me has oído?
¡No pueden escaparse!

*(Entran el Novio y Mozo 1. La Mendiga se sienta y se tapa
con el manto.)*

**NOVIO.** Por aquí.

**MOZO 1.** No los encontrarás.

**NOVIO.** *(Enérgico)* ¡Sí los encontraré!

**MOZO 1.** Creo que se han ido por otra vereda.

**NOVIO.** No. Yo sentí hace un momento el galope.

**MOZO 1.** Sería otro caballo.

**NOVIO.** *(Dramático)* Oye. No hay más que un caballo en el mundo, y es este. ¿Te has enterado? Si me sigues, sígueme sin hablar.

**MOZO 1.** Es que yo quisiera...

**NOVIO.** Calla. Estoy seguro de encontrármelos aquí. ¿Ves este brazo? Pues no es mi brazo. Es el brazo de mi hermano y el de mi padre y el de toda mi familia que está muerta. Y tiene tanto poderío, que puede arrancar este árbol de raíz si quiere. Y vamos pronto, que siento los dientes de todos los míos clavados aquí de una manera que se me hace imposible respirar tranquilo.

**MENDIGA.** *(Quejándose)* ¡Ay!

**MOZO 1.** ¿Has oído?

**NOVIO.** Vete por ahí y da la vuelta.

**MOZO 1.** Esto es una caza.

**NOVIO.** Una caza. La más grande que se puede hacer.

*(Se va el Mozo. El Novio se dirige rápidamente hacia la izquierda y tropieza con la Mendiga, la Muerte)*

**MENDIGA.** ¡Ay!

**NOVIO.** ¿Qué quieres?

**MENDIGA.** Tengo frío.

**NOVIO.** ¿Adonde te diriges?

**MENDIGA.** *(Siempre quejándose como una Mendiga)* Allá lejos...

**NOVIO.** ¿De dónde vienes?

**MENDIGA.** De allí.... de muy lejos.

**NOVIO.** ¿Viste un hombre y una mujer que corrían montados en un caballo?

**MENDIGA.** *(Despertándose)* Espera... *(Lo mira.)* Hermoso galán. *(Se levanta.)* Pero mucho más hermoso si estuviera dormido.

**NOVIO.** Dime, contesta, ¿los viste?

**MENDIGA.** Espera... ¡Qué espaldas más anchas! ¿Cómo no te gusta estar tendido sobre ellas y no andar sobre las plantas de los pies, que son tan chicas?

**NOVIO.** *(Zamarreándola)* ¡Te digo si los viste! ¿Han pasado por aquí?

**MENDIGA.** *(Enérgica)* No han pasado; pero están saliendo de la colina. ¿No los oyes?

**NOVIO.** No.

**MENDIGA.** ¿Tú no conoces el camino?

**NOVIO.** ¡Iré, sea como sea!

**MENDIGA.** Te acompañaré. Conozco esta tierra.

**NOVIO.** *(Impaciente)* ¡Pero vamos! ¿Por dónde?

**MENDIGA.** *(Dramática)* ¡Por allí!

*(Salen rápidos. Se oyen lejanos dos violines que expresan el bosque. Vuelven los leñadores. Llevan las hachas al hombro. Pasan lentos entre los troncos.)*

**LEÑADOR 1.**

> ¡Ay muerte que sales!
> Muerte de las hojas grandes.

**LEÑADOR 2.**

> ¡No abras el chorro de la sangre!

**LEÑADOR 1.**

> ¡Ay muerte sola!
> Muerte de las secas hojas.

**LEÑADOR 3.**

> ¡No cubras de flores la boda!

**LEÑADOR 2.**

> ¡Ay triste muerte!
> Deja para el amor la rama verde.

**LEÑADOR 1.**

> ¡Ay muerte mala!
> ¡Deja para el amor la verde rama!

> *(Van saliendo mientras hablan.*
> *Aparecen Leonardo y la novia.)*

**LEONARDO.** ¡Calla!

**NOVIA.**

> Desde aquí yo me iré sola.
> ¡Vete! ¡Quiero que te vuelvas!

**LEONARDO.** ¡Calla, digo!

**NOVIA.**

Con los dientes,
con las manos, como puedas.
quita de mi cuello honrado
el metal de esta cadena,
dejándome arrinconada
allá en mi casa de tierra.
Y si no quieres matarme
como a víbora pequeña,
pon en mis manos de novia
el cañón de la escopeta.
¡Ay, qué lamento, qué fuego
me sube por la cabeza!
¡Qué vidrios se me clavan en la lengua!

**LEONARDO.**

Ya dimos el paso; ¡calla!
porque nos persiguen cerca
y te he de llevar conmigo.

**NOVIA.**

¡Pero ha de ser a la fuerza!

**LEONARDO.**

¿A la fuerza? ¿Quién bajó
primero las escaleras?

**NOVIA.**

Yo las bajé.

**LEONARDO.**

¿Quién le puso
al caballo bridas nuevas?

**NOVIA.**

Yo misma. Verdad.

**LEONARDO.**

¿Y qué manos
me calzaron las espuelas?

**NOVIA.**

Estas manos que son tuyas,
pero que al verte quisieran
quebrar las ramas azules
y el murmullo de tus venas.
¡Te quiero! ¡Te quiero! ¡Aparta!
Que si matarte pudiera,
te pondría una mortaja
con los filos de violetas.
¡Ay, qué lamento, qué fuego
me sube por la cabeza!

**LEONARDO.**

¡Qué vidrios se me clavan en la lengua!
Porque yo quise olvidar
y puse un muro de piedra
entre tu casa y la mía.
Es verdad. ¿No lo recuerdas?
Y cuando te vi de lejos
me eché en los ojos arena.
Pero montaba a caballo
y el caballo iba a tu puerta.
Con alfileres de plata
mi sangre se puso negra,
y el sueño me fue llenando
las carnes de mala hierba.
Que yo no tengo la culpa,
que la culpa es de la tierra
y de ese olor que te sale
de los pechos y las trenzas.

89

**NOVIA.**

> ¡Ay que sinrazón! No quiero
> contigo cama ni cena,
> y no hay minuto del día
> que estar contigo no quiera,
> porque me arrastras y voy,
> y me dices que me vuelva
> y te sigo por el aire
> como una brizna de hierba.
> He dejado a un hombre duro
> y a toda su descendencia
> en la mitad de la boda
> y con la corona puesta.
> Para ti será el castigo
> y no quiero que lo sea.
> ¡Déjame sola! ¡Huye tú!
> No hay nadie que te defienda.

**LEONARDO.**

> Pájaros de la mañana
> por los árboles se quiebran.
> La noche se está muriendo
> en el filo de la piedra.
> Vamos al rincón oscuro,
> donde yo siempre te quiera,
> que no me importa la gente,
> ni el veneno que nos echa.
> *(La abraza fuertemente.)*

**NOVIA.**

> Y yo dormiré a tus pies
> para guardar lo que sueñas.
> Desnuda, mirando al campo,
> como si fuera una perra, *(Dramática.)*

¡porque eso soy! Que te miro
y tu hermosura me quema.

**LEONARDO.**

Se abrasa lumbre con lumbre.
La misma llama pequeña
mata dos espigas juntas.
¡Vamos!

*(La arrastra.)*

**NOVIA.**

¿Adonde me llevas?

**LEONARDO.**

A donde no puedan ir
estos hombres que nos cercan.
¡Donde yo pueda mirarte!

**NOVIA.** *(Sarcástica)*

Llévame de feria en feria,
dolor de mujer honrada,
a que las gentes me vean
con las sábanas de boda
al aire como banderas.

**LEONARDO.**

También yo quiero dejarte
si pienso como se piensa.
Pero voy donde tú vas.
Tú también. Da un paso. Prueba.
Clavos de luna nos funden
mi cintura y tus caderas.

*(Toda esta escena es violenta, llena de gran sensualidad.)*

**NOVIA.** ¿Oyes?

**LEONARDO.** Viene gente.

**NOVIA.**

> ¡Huye!
> Es justo que yo aquí muera
> con los pies dentro del agua,
> espinas en la cabeza.
> Y que me lloren las hojas.
> mujer perdida y doncella.

**LEONARDO.** Cállate. Ya suben.

**NOVIA.** ¡Vete!

**LEONARDO.**

> Silencio. Que no nos sientan.
> Tú delante. ¡Vamos, digo!

*(Vacila la Novia)*

**NOVIA.** ¡Los dos juntos!

**LEONARDO.** *(Abrazándola)*

> ¡Como quieras!
> Si nos separan, será
> porque esté muerto.

**NOVIA.**

> Y yo muerta.

*(Salen abrazados. Aparece la luna muy despacio. La escena adquiere una fuerte luz azul. Se oyen los dos violines. Bruscamente se oyen dos largos gritos desgarrados y*

*se corta la música de los violines. Al segundo grito aparece la mendiga y queda de espaldas. Abre el manto y queda en el centro, como un gran pájaro de alas inmensas.*
*La luna se detiene. El telón baja*
*en medio de un silencio absoluto.)*


TELÓN

# ACTO TERCERO
## CUADRO SEGUNDO

*Habitación blanca con arcos y gruesos muros.*
*A la derecha y ala izquierda, escaleras blancas.*
*Gran arco al fondo y pared del mismo color.*
*El suelo será también de un blanco reluciente.*
*Esta habitación simple tendrá un*
*sentido monumental de iglesia.*
*No habrá ni un gris, ni una sombra, ni siquiera*
*lo preciso para la perspectiva.*
*Dos muchachas vestidas de azul oscuro*
*están devanando una madeja roja.*

MUCHACHA 1.

> Madeja, madeja,
> ¿qué quieres hacer?

MUCHACHA 2.

> Jazmín de vestido,
> cristal de papel.
> Nacer a las cuatro,
> morir a las diez.
> Ser hilo de lana,
> cadena a tus pies
> y nudo que apriete
> amargo laurel.

NIÑA. *(Cantando)*

> ¿Fuiste a la boda?

MUCHACHA 1.

> No.

NIÑA.

> ¡Tampoco fui yo!
> ¿Qué pasaría
> por los tallos de la viña?

> ¿Qué pasaría
> por el ramo de la oliva?
> ¿Qué pasó
> que nadie volvió?
> ¿Fuiste a la boda?

**MUCHACHA 2.**

> Hemos dicho que no.

**NIÑA.** *(Yéndose)* ¡Tampoco fui yo!

**MUCHACHA 2.**

> Madeja, madeja
> ¿qué quieres cantar?

**MUCHACHA 1.**

> Heridas de cera,
> dolor de arrayán.
> Dormir la mañana,
> de noche velar.

**NIÑA.** *(En la puerta)*

> El hilo tropieza
> con el pedernal.
> Los montes azules
> lo dejan pasar.
> Corre, corre, corre,
> y al fin llegará
> a poner cuchillo
> y a quitar el pan.

> *(Se va.)*

**MUCHACHA 2.**

> Madeja, madeja,

¿qué quieres decir?

**MUCHACHA 1.**

> Amante sin habla.
> Novio carmesí.
> Por la orilla muda
> tendidos los vi.

*(Se detiene mirando la madeja.)*

**NIÑA.** *(Asomándose a la puerta)*

> Corre, corre, corre
> el hilo hasta aquí.
> Cubiertos de barro
> los siento venir.
> ¡Cuerpos estirados,
> paños de marfil!

*(Se va. Aparece la mujer y la suegra de Leonardo.*
*Llegan angustiadas.)*

**MUCHACHA 1.**

> ¿Vienen ya?

**SUEGRA.** *(Agria)*

> No sabemos.

**MUCHACHA 2.**

> Qué contáis de la boda?

**MUCHACHA 1.**

Dime.

**SUEGRA.** *(Seca)*

Nada.

**MUJER.**

Quiero volver para saberlo todo.

**SUEGRA.** *(Enérgica)*

Tú, a tu casa.
Valiente y sola en tu casa.
A envejecer y a llorar.
Pero la puerta cerrada.
Nunca. Ni muerto ni vivo.
Clavaremos las ventanas.
Y vengan lluvias y noches
sobre las hierbas amargas.

**MUJER.**

¿Qué habrá pasado?

**SUEGRA.**

No importa.
Échate un velo en la cara.
Tus hijos son hijos tuyos
nada más. Sobre la cama
pon una cruz de ceniza
donde estuvo su almohada.

*(Salen.)*

**MENDIGA.** *(A la puerta)*

Un pedazo de pan, muchachas.

NIÑA.

¡Vete!

*(Las muchachas se agrupan.)*

MENDIGA.

¿Por qué?

NIÑA.

Porque tú gimes: vete.

MUCHACHA 1.

¡Niña!

MENDIGA.

¡Pude pedir tus ojos! Una nube
de pájaros me sigue: ¿quieres uno?

NIÑA.

¡Yo me quiero marchar!

MUCHACHA 2. *(A la Mendiga)*

¡No le hagas caso!

MUCHACHA 1.

¿Vienes por el camino del arroyo?

MENDIGA.

Por allí vine.

MUCHACHA 1. *(Tímida)*

¿Puedo preguntarte?

**MENDIGA.**

>Yo los vi; pronto llegan: dos torrentes
>quietos al fin entre las piedras grandes,
>dos hombres en las patas del caballo.
>Muertos en la hermosura de la noche.
>*(Con delectación.)*
>Muertos sí, muertos.

**MUCHACHA 1.**

>¡Calla, vieja, calla!

**MENDIGA.**

>Flores rotas los ojos, y sus dientes
>dos puñados de nieve endurecida.
>Los dos cayeron, y la novia vuelve
>teñida en sangre falda y cabellera.
>Cubiertos con dos mantas ellos vienen
>sobre los hombros de los mozos altos.
>Así fue; nada más. Era lo justo.
>Sobre la flor del oro, sucia arena.

>*(Se va. Las muchachas inclinan la cabeza
>y rítmicamente van saliendo.)*

**MUCHACHA 1.**

>Sucia arena.

**MUCHACHA 2.**

>Sobre la flor del oro.

**NIÑA.**

>Sobre la flor del oro
>traen a los novios del arroyo.

Morenito el uno,
morenito el otro.
¡Qué ruiseñor de sombra vuela y gime
sobre la flor del oro!


*(Se va. Queda la escena sola. Aparece la Madre
con una Vecina. La Vecina viene llorando.)*


**Madre.** Calla.

**Vecina.** No puedo.

**Madre.** Calla, he dicho. *(En la puerta.)* ¿No hay nadie aquí? *(Se lleva las manos a la frente.)* Debía contestarme mi hijo. Pero mi hijo es ya un brazado de flores secas. Mi hijo es ya una voz oscura detrás de los montes. *(Con rabia, a la Vecina.)* ¿Te quieres callar? No quiero llantos en esta casa. Vuestras lágrimas son lágrimas de los ojos nada más, y las mías vendrán cuando yo esté sola, de las plantas de los pies, de mis raíces, y serán más ardientes que la sangre.

**Vecina.** Vente a mi casa; no te quedes aquí.

**Madre.** Aquí. Aquí quiero estar. Y tranquila. Ya todos están muertos. A medianoche dormiré, dormiré sin que ya me aterren la escopeta o el cuchillo. Otras madres se asomarán a las ventanas, azotadas por la lluvia, para ver el rostro de sus hijos. Yo, no. Yo haré con mi sueño una fría paloma de marfil que lleve camelias de escarcha sobre el camposanto. Pero no; camposanto, no, camposanto, no; lecho de tierra, cama que los cobija y que los mece por el cielo. *(Entra una mujer de negro que se dirige a la derecha y allí se arrodilla. A la vecina.)* Quítate las manos de la cara. Hemos de pasar días terribles. No quiero ver a nadie. La tierra y yo. Mi llanto y yo. Y estas cuatro paredes. ¡Ay!

¡Ay! *(Se sienta transida.)*

VECINA. Ten caridad de ti misma.

MADRE. *(Echándose el pelo hacia atrás)* He de estar serena. *(Se sienta.)* Porque vendrán las vecinas y no quiero que me vean tan pobre. ¡Tan pobre! Una mujer que no tiene un hijo siquiera que poderse llevar a los labios.

*(Aparece la Novia. Viene sin azahar y con un manto negro.)*

VECINA. *(Viendo a la novia, con rabia)* ¿Dónde vas?

NOVIA. Aquí vengo.

MADRE. *(A la vecina)* ¿Quién es?

VECINA. ¿No la reconoces?

MADRE. Por eso pregunto quién es. Porque tengo que no reconocerla, para no clavarla mis dientes en el cuello. ¡Víbora! *(Se dirige hacia la Novia con ademán fulminante; se detiene. A la vecina.)* ¿La ves? Está ahí, y está llorando, y yo quieta, sin arrancarle los ojos. No me entiendo. ¿Será que yo no quería a mi hijo? Pero, ¿y su honra? ¿Dónde está su honra?

*(Golpea a la Novia. Esta cae al suelo.)*

VECINA. ¡Por Dios! *(Trata de separarlas.)*

NOVIA. *(A la Vecina)* Déjala; he venido para que me mate y que me lleven con ellos. *(A la Madre.)* Pero no con las manos; con garfios de alambre, con una hoz, y con fuerza, hasta que se rompa en mis huesos. ¡Déjala! Que quiero que sepa que yo soy limpia, que estaré loca, pero que me puedan enterrar sin que ningún hombre se haya mirado en la blancura de mis pechos.

**MADRE.** Calla, calla; ¿qué me importa eso a mí?

**NOVIA.** ¡Porque yo me fui con el otro, me fui! *(Con angustia)* Tú también te hubieras ido. Yo era una mujer quemada, llena de llagas por dentro y por fuera, y tu hijo era un poquito de agua de la que yo esperaba hijos, tierra, salud; pero el otro era un río oscuro, lleno de ramas, que acercaba a mí el rumor de sus juncos y su cantar entre dientes. Y yo corría con tu hijo que era como un niñito de agua, frío, y el otro me mandaba cientos de pájaros que me impedían el andar y que dejaban escarcha sobre mis heridas de pobre mujer marchita, de muchacha acariciada por el fuego. Yo no quería, ¡óyelo bien!; yo no quería, ¡óyelo bien!. Yo no quería. ¡Tu hijo era mi fin y yo no lo he engañado, pero el brazo del otro me arrastró como un golpe de mar, como la cabezada de un mulo, y me hubiera arrastrado siempre, siempre, siempre, siempre, aunque hubiera sido vieja y todos los hijos de tu hijo me hubiesen agarrado de los cabellos!

*(Entra una vecina.)*

**MADRE.** Ella no tiene culpa, ¡ni yo! *(Sarcástica.)* ¿Quién la tiene, pues? ¡Floja, delicada, mujer de mal dormir es quien tira una corona de azahar para buscar un pedazo de cama calentado por otra mujer!

**NOVIA.** ¡Calla, calla! Véngate de mí; ¡aquí estoy! Mira que mi cuello es blando; te costará menos trabajo que segar una dalia de tu huerto. Pero ¡eso no! Honrada, honrada como una niña recién nacida. Y fuerte para demostrártelo. Enciende la lumbre. Vamos a meter las manos; tú por tu hijo; yo, por mi cuerpo. La retirarás antes tú.

*(Entra otra vecina.)*

**MADRE.** Pero ¿qué me importa a mí tu honradez? ¿Qué me importa tu muerte? ¿Qué me importa a mí nada de nada? Benditos sean los trigos, porque mis hijos están debajo de ellos; bendita sea la lluvia, porque moja la cara de los muertos. Bendito sea Dios, que nos tiende juntos para descansar.

*(Entra otra vecina.)*

**NOVIA.** Déjame llorar contigo.

**MADRE.** Llora, pero en la puerta.

*(Entra la Niña. La Novia queda en la puerta.
La Madre en el centro de la escena.)*

**MUJER.** *(Entrando y dirigiéndose a la izquierda)*
Era hermoso jinete,
y ahora montón de nieve.
Corría ferias y montes
y brazos de mujeres.
Ahora, musgo de noche
le corona la frente.

**MADRE.**

> Girasol de tu madre,
> espejo de la tierra.
> Que te pongan al pecho
> cruz de amargas adelfas;
> sábana que te cubra
> de reluciente seda,
> y el agua forme un llanto
> entre tus manos quietas.

**MUJER.**

> ¡Ay, qué cuatro muchachos
> llegan con hombros cansados!

**NOVIA.**

> ¡Ay, qué cuatro galanes
> traen a la muerte por el aire!

**MADRE.**

> Vecinas.

**NIÑA.** *(En la puerta)*

> Ya los traen.

**MADRE.**

> Es lo mismo.
> La cruz, la cruz.

**MUJERES.**

> Dulces clavos,
> dulce cruz,
> dulce nombre
> de Jesús.

**NOVIA.**

> Que la cruz ampare a muertos y vivos.

**MADRE.**

Vecinas: con un cuchillo,
con un cuchillito,
en un día señalado, entre las dos y las tres,
se mataron los dos hombres del amor.
Con un cuchillo.
con un cuchillito
que apenas cabe en la mano,
pero que penetra fino
por las carnes asombradas
y que se para en el sitio
donde tiembla enmarañada
la oscura raíz del grito.

**NOVIA.**

Y esto es un cuchillo,
un cuchillito
que apenas cabe en la mano;
pez sin escamas ni río,
para que un día señalado, entre las dos y las tres,
con este cuchillo
se queden dos hombres duros
con los labios amarillos.

**MADRE.**

Y apenas cabe en la mano,
pero que penetra frío
por las carnes asombradas
y allí se para, en el sitio
donde tiembla enmarañada
la oscura raíz del grito.

*(Las vecinas, arrodilladas en el suelo, lloran.)*

TELÓN.

# LA CASA DE
# BERNARDA ALBA

# Personajes

Bernarda, 60 años.

María Josefa, madre de Bernarda, 80 años.

Angustias, (hija), 39 años.

Magdalena, (hija), 30 años.

Amelia, (hija), 27 años.

Martirio, (hija), 24 años.

Adela, (hija), 20 años.

La Poncia, 60 años.

Criada, 50 años.

Mendiga, con niña.

Mujeres de luto

Muchacha

Mujer 1

Mujer 2

Mujer 3

Mujer 4

# ACTO PRIMERO

*Habitación blanquísima del interior de la casa de Bernarda.*
*Muros gruesos. Puertas en arco con cortinas de yute rematadas*
*con madroños y volantes. Sillas de anea. Cuadros con paisajes*
*inverosímiles de ninfas o reyes de leyenda. Es verano. Un gran*
*silencio umbroso se extiende por la escena. Al levantarse*
*el telón está la escena sola. Se oyen doblar las campanas.*

*(Sale la Criada)*

CRIADA. Ya tengo el doble de esas campanas metido entre las sienes.

LA PONCIA. *(Sale comiendo chorizo y pan)* Llevan ya más de dos horas de gori-gori. Han venido curas de todos los pueblos. La iglesia está hermosa. En el primer responso se desmayó la Magdalena.

CRIADA. Es la que se queda más sola.

LA PONCIA. Era la única que quería al padre. ¡Ay! ¡Gracias a Dios que estamos solas un poquito! Yo he venido a comer.

CRIADA. ¡Si te viera Bernarda...!

LA PONCIA. ¡Quisiera que ahora, que no come ella, que todas nos muriéramos de hambre! ¡Mandona! ¡Dominanta! ¡Pero se fastidia! Le he abierto la orza de chorizos.

CRIADA. *(Con tristeza, ansiosa)* ¿Por qué no me das para mi niña, Poncia?

LA PONCIA. Entra y llévate también un puñado de garbanzos. ¡Hoy no se dará cuenta!

VOZ. *(Dentro)*: ¡Bernarda!

LA PONCIA. La vieja. ¿Está bien cerrada?

**CRIADA.** Con dos vueltas de llave.

**LA PONCIA.** Pero debes poner también la tranca. Tiene unos dedos como cinco ganzúas.

**VOZ.** ¡Bernarda!

**LA PONCIA.** *(A voces)* ¡Ya viene! *(A la Criada)* Limpia bien todo. Si Bernarda no ve relucientes las cosas me arrancará los pocos pelos que me quedan.

**CRIADA.** ¡Qué mujer!

**LA PONCIA.** Tirana de todos los que la rodean. Es capaz de sentarse encima de tu corazón y ver cómo te mueres durante un año sin que se le cierre esa sonrisa fría que lleva en su maldita cara. ¡Limpia, limpia ese vidriado!

**CRIADA.** Sangre en las manos tengo de fregarlo todo.

**LA PONCIA.** Ella, la más aseada; ella, la más decente; ella, la más alta. Buen descanso ganó su pobre marido.

*(Cesan las campanas)*

**CRIADA.** ¿Han venido todos sus parientes?

**LA PONCIA.** Los de ella. La gente de él la odia. Vinieron a verlo muerto, y le hicieron la cruz.

**CRIADA.** ¿Hay bastantes sillas?

**LA PONCIA.** Sobran. Que se sienten en el suelo. Desde que murió el padre de Bernarda no han vuelto a entrar las gentes bajo estos techos. Ella no quiere que la vean en su dominio. ¡Maldita sea!

**CRIADA.** Contigo se portó bien.

**LA PONCIA.** Treinta años lavando sus sábanas; treinta años comiendo sus sobras; noches en vela cuando tose; días enteros mirando por la rendija para espiar a los vecinos y llevarle el cuento; vida sin secretos una con otra, y sin embargo, ¡maldita sea! ¡Mal dolor de clavo le pinche en los ojos!

CRIADA. ¡Mujer!

LA PONCIA. Pero yo soy buena perra; ladro cuando me lo dice y muerdo los talones de los que piden limosna cuando ella me azuza; mis hijos trabajan en sus tierras y ya están los dos casados, pero un día me hartaré.

CRIADA. Y ese día...

LA PONCIA. Ese día me encerraré con ella en un cuarto y le estaré escupiendo un año entero. "Bernarda, por esto, por aquello, por lo otro", hasta ponerla como un lagarto machacado por los niños, que es lo que es ella y toda su parentela. Claro es que no le envidio la vida. La quedan cinco mujeres, cinco hijas feas, que quitando a Angustias, la mayor, que es la hija del primer marido y tiene dineros, las demás mucha puntilla bordada, muchas camisas de hilo, pero pan y uvas por toda herencia.

CRIADA. ¡Ya quisiera tener yo lo que ellas!

LA PONCIA. Nosotras tenemos nuestras manos y un hoyo en la tierra de la verdad.

CRIADA. Ésa es la única tierra que nos dejan a las que no tenemos nada.

LA PONCIA. *(En la alacena)* Este cristal tiene unas motas.

CRIADA. Ni con el jabón ni con bayeta se le quitan.

*(Suenan las campanas)*

**LA PONCIA.** El último responso. Me voy a oírlo. A mí me gusta mucho cómo canta el párroco. En el "Pater noster" subió, subió, subió la voz que parecía un cántaro llenándose de agua poco a poco. ¡Claro es que al final dio un gallo, pero da gloria oírlo! Ahora que nadie como el antiguo sacristán, Tronchapinos. En la misa de mi madre, que esté en gloria, cantó. Retumbaban las paredes, y cuando decía amén era como si un lobo hubiese entrado en la iglesia. *(Imitándolo)* ¡Ameeeén! *(Se echa a toser)*

**CRIADA.** Te vas a hacer el gaznate polvo.

**LA PONCIA.** ¡Otra cosa hacía polvo yo! *(Sale riendo)*

*(La Criada limpia. Suenan las campanas)*

**CRIADA.** *(Llevando el canto)* Tin, tin, tan. Tin, tin, tan. ¡Dios lo haya perdonado!

**MENDIGA.** *(Con una niña)* ¡Alabado sea Dios!

**CRIADA.** Tin, tin, tan. ¡Que nos espere muchos años'. Tin, tin, tan.

**MENDIGA.** *(Fuerte con cierta irritación)* ¡Alabado sea Dios!

**CRIADA.** *(Irritada)* ¡Por siempre!

**MENDIGA.** Vengo por las sobras.

*(Cesan las campanas)*

**CRIADA.** Por la puerta se va a la calle. Las sobras de hoy son para mí.

**MENDIGA.** Mujer, tú tienes quien te gane. ¡Mi niña y yo estamos solas!

**CRIADA.** También están solos los perros y viven.

**MENDIGA.** Siempre me las dan.

**CRIADA.** Fuera de aquí. ¿Quién os dijo que entrarais? Ya me habéis dejado los pies señalados. *(Se van. Limpia)* Suelos barnizados con aceite, alacenas, pedestales, camas de acero, para que traguemos quina las que vivimos en las chozas de tierra con un plato y una cuchara. ¡Ojalá que un día no quedáramos ni uno para contarlo! *(Vuelven a sonar las campanas)* Sí, sí, ¡vengan clamores! ¡venga caja con filos dorados y toallas de seda para llevarla!; ¡que lo mismo estarás tú que estaré yo! Fastídiate, Antonio María Benavides, tieso con tu traje de paño y tus botas enterizas. ¡Fastídiate! ¡Ya no volverás a levantarme las enaguas detrás de la puerta de tu corral! *(Por el fondo, de dos en dos, empiezan a entrar mujeres de luto con pañuelos grandes, faldas y abanicos negros. Entran lentamente hasta llenar la escena) (Rompiendo a gritar)* ¡Ay Antonio María Benavides, que ya no verás estas paredes, ni comerás el pan de esta casa! Yo fui la que más te quiso de las que te sirvieron. *(Tirándose del cabello)* ¿Y he de vivir yo después de verte marchar? ¿Y he de vivir?

*(Terminan de entrar las doscientas mujeres
y aparece Bernarda y sus cinco hijas)*

**BERNARDA.** *(A la Criada)* ¡Silencio!

**CRIADA.** *(Llorando)* ¡Bernarda!

**BERNARDA.** Menos gritos y más obras. Debías haber procurado que todo esto estuviera más limpio para recibir al duelo. Vete. No es éste tu lugar. *(La Criada se va sollozando)* Los pobres son como los animales. Parece como si estuvieran hechos de otras sustancias.

**MUJER 1.** Los pobres sienten también sus penas.

**BERNARDA.** Pero las olvidan delante de un plato de garbanzos.

**MUCHACHA.** *(Con timidez)* Comer es necesario para vivir.

**BERNARDA.** A tu edad no se habla delante de las personas mayores.

**MUJER 1.** Niña, cállate.

**BERNARDA.** No he dejado que nadie me dé lecciones. Sentarse. *(Se sientan. Pausa) (Fuerte)* Magdalena, no llores. Si quieres llorar te metes debajo de la cama. ¿Me has oído?

**MUJER 2.** *(A Bernarda)* ¿Habéis empezado los trabajos en la era?

**BERNARDA.** Ayer.

**MUJER 3.** Cae el sol como plomo.

**MUJER 1.** Hace años no he conocido calor igual.

*(Pausa. Se abanican todas)*

**BERNARDA.** ¿Está hecha la limonada?

**LA PONCIA.** *(Sale con una gran bandeja llena de jarritas blancas, que distribuye)* Sí, Bernarda.

**BERNARDA.** Dale a los hombres.

**LA PONCIA.** Ya están tomando en el patio.

**BERNARDA.** Que salgan por donde han entrado. No quiero que pasen por aquí.

**MUCHACHA.** *(A Angustias)* Pepe el Romano estaba con los hombres del duelo.

**ANGUSTIAS.** Allí estaba.

**BERNARDA.** Estaba su madre. Ella ha visto a su madre. A Pepe no lo ha visto ni ella ni yo.

**MUCHACHA.** Me pareció...

**BERNARDA.** Quien sí estaba era el viudo de Darajalí. Muy cerca de tu tía. A ése lo vimos todas.

**MUJER 2.** *(Aparte y en baja voz)* ¡Mala, más que mala!

**MUJER 3.** *(Aparte y en baja voz)* ¡Lengua de cuchillo!

**BERNARDA.** Las mujeres en la iglesia no deben mirar más hombre que al oficiante, y a ése porque tiene faldas. Volver la cabeza es buscar el calor de la pana.

**MUJER 1.** *(En voz baja)* ¡Vieja lagarta recocida!

**LA PONCIA.** *(Entre dientes)* ¡Sarmentosa por calentura de varón!

**BERNARDA.** *(Dando un golpe de bastón en el suelo)* ¡Alabado sea Dios!

**TODAS.** *(Santiguándose)* Sea por siempre bendito y alabado.

**BERNARDA.**

¡Descansa en paz con la santa
compaña de cabecera!

**TODAS.**

¡Descansa en paz!

**BERNARDA.**

Con el ángel San Miguel

y su espada justiciera

**TODAS.**

¡Descansa en paz!

**BERNARDA.**

Con la llave que todo lo abre
y la mano que todo lo cierra.

**TODAS.**

¡Descansa en paz!

**BERNARDA.**

Con los bienaventurados
y las lucecitas del campo.

**TODAS.**

¡Descansa en paz!

**BERNARDA.**

Con nuestra santa caridad
y las almas de tierra y mar.

**TODAS.**

¡Descansa en paz!

**BERNARDA.** Concede el reposo a tu siervo Antonio María Benavides y dale la corona de tu santa gloria.

**TODAS.**

Amén.

**BERNARDA.** *(Se pone de pie y canta)*

"Réquiem aeternam dona eis, Domine".

**TODAS.** *(De pie y cantando al modo gregoriano)*

"Et lux perpetua luceat eis".

*(Se santiguan)*

**MUJER 1.** Salud para rogar por su alma.

*(Van desfilando)*

**MUJER 3.** No te faltará la hogaza de pan caliente.

**MUJER 2.** Ni el techo para tus hijas.

*(Van desfilando todas por delante de Bernarda y saliendo.*
*Sale Angustias por otra puerta, la que da al patio)*

**MUJER 4.** El mismo trigo de tu casamiento lo sigas disfrutando.

**LA PONCIA.** *(Entrando con una bolsa)* De parte de los hombres esta bolsa de dineros para responsos.

**BERNARDA.** Dales las gracias y échales una copa de aguardiente.

**MUCHACHA.** *(A Magdalena)* Magdalena...

**BERNARDA.** *(A Magdalena, que inicia el llanto)* Chist. *(Golpea con el bastón) (Salen todas) (A las que se han ido)* ¡Andar a vuestras cuevas a criticar todo lo que habéis visto! Ojalá tardéis muchos años en pasar el arco de mi puerta.

**LA PONCIA.** No tendrás queja ninguna. Ha venido todo el pueblo.

**BERNARDA.** Sí, para llenar mi casa con el sudor de sus refajos y el veneno de sus lenguas.

**AMELIA.** ¡Madre, no hable usted así!

**BERNARDA.** Es así como se tiene que hablar en este maldito pueblo sin río, pueblo de pozos, donde siempre se bebe el agua con el miedo de que esté envenenada.

**LA PONCIA.** ¡Cómo han puesto la solería!

**BERNARDA.** Igual que si hubiera pasado por ella una manada de cabras. *(La Poncia limpia el suelo)* Niña, dame un abanico.

**AMELIA.** Tome usted. *(Le da un abanico redondo con flores rojas y verdes)*

**BERNARDA.** *(Arrojando el abanico al suelo)* ¿Es éste el abanico que se da a una viuda? Dame uno negro y aprende a respetar el luto de tu padre.

**MARTIRIO.** Tome usted el mío.

**BERNARDA.** ¿Y tú?

**MARTIRIO.** Yo no tengo calor.

**BERNARDA.** Pues busca otro, que te hará falta. En ocho años que dure el luto no ha de entrar en esta casa el viento de la calle. Haceros cuenta que hemos tapiado con ladrillos puertas y ventanas. Así pasó en casa de mi padre y en casa de mi abuelo. Mientras, podéis empezar a bordaros el ajuar. En el arca tengo veinte piezas de hilo con el que podréis cortar sábanas y embozos. Magdalena puede bordarlas.

**MAGDALENA.** Lo mismo me da.

**ADELA.** *(Agria)* Si no queréis bordarlas irán sin bordados. Así las tuyas lucirán más.

**MAGDALENA.** Ni las mías ni las vuestras. Sé que yo no me voy a casar. Prefiero llevar sacos al molino. Todo menos estar sentada días y días dentro de esta sala oscura.

**BERNARDA.** Eso tiene ser mujer

**MAGDALENA.** Malditas sean las mujeres.

**BERNARDA.** Aquí se hace lo que yo mando. Ya no puedes ir con el cuento a tu padre. Hilo y aguja para las hembras. Látigo y mula para el varón. Eso tiene la gente que nace con posibles.

*(Sale Adela)*

**VOZ.** ¡Bernarda!, ¡déjame salir!

**BERNARDA.** *(En voz alta)* ¡Dejadla ya! *(Sale la Criada)*

**CRIADA.** Me ha costado mucho trabajo sujetarla. A pesar de sus ochenta años tu madre es fuerte como un roble.

**BERNARDA.** Tiene a quien parecérsele. Mi abuelo fue igual.

**CRIADA.** Tuve durante el duelo que taparle varias veces la boca con un costal vacío porque quería llamarte para que le dieras agua de fregar siquiera, para beber, y carne de perro, que es lo que ella dice que tú le das.

**MARTIRIO.** ¡Tiene mala intención!

**BERNARDA.** *(A la Criada)* Déjala que se desahogue en el patio.

**CRIADA.** Ha sacado del cofre sus anillos y los pendientes de amatistas, se los ha puesto y me ha dicho que se quiere casar.

*(Las hijas ríen)*

**BERNARDA.** Ve con ella y ten cuidado que no se acerque al pozo.

**CRIADA.** No tengas miedo que se tire.

**BERNARDA.** No es por eso... Pero desde aquel sitio las vecinas pueden verla desde su ventana.

*(Sale la Criada)*

**MARTIRIO.** Nos vamos a cambiar la ropa.

**BERNARDA.** Sí, pero no el pañuelo de la cabeza. *( Entra Adela)* ¿Y Angustias?

**ADELA.** *(Con retintín)* La he visto asomada a la rendija del portón. Los hombres se acababan de ir.

**BERNARDA.** ¿Y tú a qué fuiste también al portón?

**ADELA.** Me llegué a ver si habían puesto las gallinas.

**BERNARDA.** ¡Pero el duelo de los hombres habría salido ya!

**ADELA.** *(Con intención)* Todavía estaba un grupo parado por fuera.

**BERNARDA.** *(Furiosa)* ¡Angustias! ¡Angustias!

**ANGUSTIAS.** *(Entrando)* ¿Qué manda usted?

**BERNARDA.** ¿Qué mirabas y a quién?

**ANGUSTIAS.** A nadie.

**BERNARDA.** ¿Es decente que una mujer de tu clase vaya con el anzuelo detrás de un hombre el día de la misa de su padre? ¡Contesta! ¿A quién mirabas?

*(Pausa)*

**ANGUSTIAS.** Yo...

**BERNARDA.** ¡Tú!

**ANGUSTIAS.** ¡A nadie!

**BERNARDA.** *(Avanzando con el bastón)* ¡Suave! ¡dulzarrona!. *(Le da)*

**LA PONCIA.** *(Corriendo)* ¡Bernarda, cálmate! *(La sujeta) (Angustias llora)*

**BERNARDA.** ¡Fuera de aquí todas! *(Salen)*

**LA PONCIA.** Ella lo ha hecho sin dar alcance a lo que hacía, que está francamente mal. ¡Ya me chocó a mí verla escabullirse hacia el patio! Luego estuvo detrás de una ventana oyendo la conversación que traían los hombres, que, como siempre, no se puede oír.

**BERNARDA.** ¡A eso vienen a los duelos! *(Con curiosidad)* ¿De qué hablaban?

**LA PONCIA.** Hablaban de Paca la Roseta. Anoche ataron a su marido a un pesebre y a ella se la llevaron a la grupa del caballo hasta lo alto del olivar.

**BERNARDA.** ¿Y ella?

**LA PONCIA.** Ella, tan conforme. Dicen que iba con los pechos fuera y Maximiliano la llevaba cogida como si tocara la guitarra. ¡Un horror!

**BERNARDA.** ¿Y qué pasó?

**LA PONCIA.** Lo que tenía que pasar. Volvieron casi de día. Paca la Roseta traía el pelo suelto y una corona de flores en la cabeza.

**BERNARDA.** Es la única mujer mala que tenemos en el pueblo.

**LA PONCIA.** Porque no es de aquí. Es de muy lejos. Y los

que fueron con ella son también hijos de forasteros. Los hombres de aquí no son capaces de eso.

BERNARDA. No, pero les gusta verlo y comentarlo, y se chupan los dedos de que esto ocurra.

LA PONCIA. Contaban muchas cosas más.

BERNARDA. *(Mirando a un lado y a otro con cierto temor)* ¿Cuáles?

LA PONCIA. Me da vergüenza referirlas.

BERNARDA. Y mi hija las oyó.

LA PONCIA. ¡Claro!

BERNARDA. Ésa sale a sus tías; blancas y untosas que ponían ojos de carnero al piropo de cualquier barberillo. ¡Cuánto hay que sufrir y luchar para hacer que las personas sean decentes y no tiren al monte demasiado!

LA PONCIA. ¡Es que tus hijas están ya en edad de merecer! Demasiada poca guerra te dan. Angustias ya debe tener mucho más de los treinta.

BERNARDA. Treinta y nueve justos.

LA PONCIA. Figúrate. Y no ha tenido nunca novio...

BERNARDA. *(Furiosa)* ¡No, no ha tenido novio ninguna, ni les hace falta! Pueden pasarse muy bien.

LA PONCIA. No he querido ofenderte.

BERNARDA. No hay en cien leguas a la redonda quien se pueda acercar a ellas. Los hombres de aquí no son de su clase. ¿Es que quieres que las entregue a cualquier gañán?

LA PONCIA. Debías haberte ido a otro pueblo.

BERNARDA. Eso, ¡a venderlas!

LA PONCIA. No, Bernarda, a cambiar... ¡Claro que en otros sitios ellas resultan las pobres!

**BERNARDA.** ¡Calla esa lengua atormentadora!

**LA PONCIA.** Contigo no se puede hablar. ¿Tenemos o no tenemos confianza?

**BERNARDA.** No tenemos. Me sirves y te pago. ¡Nada más!

**CRIADA.** *(Entrando)* Ahí está don Arturo, que viene a arreglar las particiones.

**BERNARDA.** Vamos. *(A la Criada)* Tú empieza a blanquear el patio. *(A la Poncia)* Y tú ve guardando en el arca grande toda la ropa del muerto.

**LA PONCIA.** Algunas cosas las podríamos dar...

**BERNARDA.** Nada. ¡Ni un botón! ¡Ni el pañuelo con que le hemos tapado la cara! *(Sale lentamente apoyada en el bastón y al salir vuelve la cabeza y mira a sus criadas. Las criadas salen después)*


*(Entran Amelia y Martirio)*


**AMELIA.** ¿Has tomado la medicina?

**MARTIRIO.** ¡Para lo que me va a servir!

**AMELIA.** Pero la has tomado.

**MARTIRIO.** Yo hago las cosas sin fe, pero como un reloj.

**AMELIA.** Desde que vino el médico nuevo estás más animada.

**MARTIRIO.** Yo me siento lo mismo.

**AMELIA.** ¿Te fijaste? Adelaida no estuvo en el duelo.

**MARTIRIO.** Ya lo sabía. Su novio no la deja salir ni al tranco de la calle. Antes era alegre; ahora ni polvos echa en la cara.

**AMELIA.** Ya no sabe una si es mejor tener novio o no.

**MARTIRIO.** Es lo mismo.

**AMELIA.** De todo tiene la culpa esta crítica que no nos deja vivir. Adelaida habrá pasado mal rato.

**MARTIRIO.** Le tienen miedo a nuestra madre. Es la única que conoce la historia de su padre y el origen de sus tierras. Siempre que viene le tira puñaladas el asunto. Su padre mató en Cuba al marido de primera mujer para casarse con ella. Luego aquí la abandonó y se fue con otra que tenía una hija y luego tuvo relaciones con esta muchacha, la madre de Adelaida, y se casó con ella después de haber muerto loca la segunda mujer.

**AMELIA.** Y ese infame, ¿por qué no está en la cárcel?

**MARTIRIO.** Porque los hombres se tapan unos a otros las cosas de esta índole y nadie es capaz de delatar.

**AMELIA.** Pero Adelaida no tiene culpa de esto.

**MARTIRIO.** No, pero las cosas se repiten. Y veo que todo es una terrible repetición. Y ella tiene el mismo sino de su madre y de su abuela, mujeres las dos del que la engendró.

**AMELIA.** ¡Qué cosa más grande!

**MARTIRIO.** Es preferible no ver a un hombre nunca. Desde niña les tuve miedo. Los veía en el corral uncir los bueyes y levantar los costales de trigo entre voces y zapatazos, y siempre tuve miedo de crecer por temor de encontrarme de pronto abrazada por ellos. Dios me ha hecho débil y fea y los ha apartado definitivamente de mí.

**AMELIA.** ¡Eso no digas! Enrique Humanes estuvo detrás de ti y le gustabas.

**MARTIRIO.** ¡Invenciones de la gente! Una vez estuve en camisa detrás de la ventana hasta que fue de día, porque me avisó con la hija de su gañán que iba a venir, y no vino. Fue todo cosa de lenguas. Luego se casó con otra que tenía más que yo.

AMELIA. ¡Y fea como un demonio!

MARTIRIO. ¡Qué les importa a ellos la fealdad! A ellos les importa la tierra, las yuntas y una perra sumisa que les dé de comer.

AMELIA. ¡Ay!

*(Entra Magdalena)*

MAGDALENA. ¿Qué hacéis?

MARTIRIO. Aquí.

AMELIA. ¿Y tú?

MAGDALENA. Vengo de correr las cámaras. Por andar un poco. De ver los cuadros bordados en cañamazo de nuestra abuela, el perrito de lanas y el negro luchando con el león, que tanto nos gustaba de niñas. Aquélla era una época más alegre. Una boda duraba diez días y no se usaban las malas lenguas. Hoy hay más finura. Las novias se ponen velo blanco como en las poblaciones, y se bebe vino de botella, pero nos pudrimos por el qué dirán.

MARTIRIO. ¡Sabe Dios lo que entonces pasaría!

AMELIA. *(A Magdalena)* Llevas desabrochados los cordones de un zapato.

MAGDALENA. ¡Qué más da!

AMELIA. ¡Te los vas a pisar y te vas a caer!

MAGDALENA. ¡Una menos!

**MARTIRIO.** ¿Y Adela?

**MAGDALENA.** ¡Ah! Se ha puesto el traje verde que se hizo para estrenar el día de su cumpleaños, se ha ido al corral y ha comenzado a voces: "¡Gallinas, gallinas, miradme!" ¡Me he tenido que reír!

**AMELIA.** ¡Si la hubiera visto madre!

**MAGDALENA.** ¡Pobrecilla! Es la más joven de nosotras y tiene ilusión. ¡Daría algo por verla feliz!

*(Pausa. Angustias cruza la escena con unas toallas en la mano)*

**ANGUSTIAS.** ¿Qué hora es?

**MAGDALENA.** Ya deben ser las doce.

**ANGUSTIAS.** ¿Tanto?

**AMELIA.** ¡Estarán al caer!

*(Sale Angustias)*

**MAGDALENA.** *(Con intención)* ¿Sabéis ya la cosa...? *(Señalando a Angustias)*

**AMELIA.** No.

**MAGDALENA.** ¡Vamos!

**MARTIRIO.** ¡No sé a qué cosa te refieres...!

**MAGDALENA.** Mejor que yo lo sabéis las dos. Siempre cabeza con cabeza como dos ovejitas, pero sin desahogaros con nadie. ¡Lo de Pepe el Romano!

**MARTIRIO.** ¡Ah!

**MAGDALENA.** *(Remedándola)* ¡Ah! Ya se comenta por el pueblo. Pepe el Romano viene a casarse con Angustias. Anoche estuvo rondando la casa y creo que pronto va a mandar un emisario.

**MARTIRIO.** ¡Yo me alegro! Es buen hombre.

**AMELIA.** Yo también. Angustias tiene buenas condiciones.

**MAGDALENA.** Ninguna de las dos os alegráis.

**MARTIRIO.** ¡Magdalena! ¡Mujer!

**MAGDALENA.** Si viniera por el tipo de Angustias, por Angustias como mujer, yo me alegraría, pero viene por el dinero. Aunque Angustias es nuestra hermana aquí estamos en familia y reconocemos que está vieja, enfermiza, y que siempre ha sido la que ha tenido menos méritos de todas nosotras, porque si con veinte años parecía un palo vestido, ¡qué será ahora que tiene cuarenta!

**MARTIRIO.** No hables así. La suerte viene a quien menos la aguarda.

**AMELIA.** ¡Después de todo dice la verdad! Angustias tiene el dinero de su padre, es la única rica de la casa y por eso ahora, que nuestro padre ha muerto y ya se harán particiones, vienen por ella!

**MAGDALENA.** Pepe el Romano tiene veinticinco años y es el mejor tipo de todos estos contornos. Lo natural sería que te pretendiera a ti, Amelia, o a nuestra Adela, que tiene veinte años, pero no que venga a buscar lo más oscuro de esta casa, a una mujer que, como su padre habla con la nariz.

**MARTIRIO.** ¡Puede que a él le guste!

**MAGDALENA.** ¡Nunca he podido resistir tu hipocresía!

**MARTIRIO.** ¡Dios nos valga!

*(Entra Adela)*

**MAGDALENA.** ¿Te han visto ya las gallinas?

**ADELA.** ¿Y qué querías que hiciera?

**AMELIA.** ¡Si te ve nuestra madre te arrastra del pelo!

**ADELA.** Tenía mucha ilusión con el vestido. Pensaba ponérmelo el día que vamos a comer sandías a la noria. No hubiera habido otro igual.

**MARTIRIO.** ¡Es un vestido precioso!

**ADELA.** Y me está muy bien. Es lo que mejor ha cortado Magdalena.

**MAGDALENA.** ¿Y las gallinas qué te han dicho?

**ADELA.** Regalarme unas cuantas pulgas que me han acribillado las piernas. *(Ríen)*

**MARTIRIO.** Lo que puedes hacer es teñirlo de negro.

**MAGDALENA.** Lo mejor que puedes hacer es regalárselo a Angustias para la boda con Pepe el Romano.

**ADELA.** *(Con emoción contenida)* ¡Pero Pepe el Romano...!

**AMELIA.** ¿No lo has oído decir?

**ADELA.** No.

**MAGDALENA.** ¡Pues ya lo sabes!

**ADELA.** ¡Pero si no puede ser!

**MAGDALENA.** ¡El dinero lo puede todo!

**ADELA.** ¿Por eso ha salido detrás del duelo y estuvo mirando por el portón? *(Pausa)* Y ese hombre es capaz de...

**Magdalena.** Es capaz de todo.

*(Pausa)*

**Martirio.** ¿Qué piensas, Adela?

**Adela.** Pienso que este luto me ha cogido en la peor época de mi vida para pasarlo.

**Magdalena.** Ya te acostumbrarás.

**Adela.** *(Rompiendo a llorar con ira)* ¡No , no me acostumbraré! Yo no quiero estar encerrada. No quiero que se me pongan las carnes como a vosotras. ¡No quiero perder mi blancura en estas habitaciones! ¡Mañana me pondré mi vestido verde y me echaré a pasear por la calle! ¡Yo quiero salir!

*(Entra la Criada)*

**Magdalena.** *(Autoritaria)* ¡Adela!

**Criada.** ¡La pobre! ¡Cuánto ha sentido a su padre! *(Sale)*

**Martirio.** ¡Calla!

**Amelia.** Lo que sea de una será de todas.

*(Adela se calma)*

**Magdalena.** Ha estado a punto de oírte la criada.

**Criada.** *(Apareciendo)* Pepe el Romano viene por lo alto de la calle.

*(Amelia, Martirio y Magdalena
corren presurosas)*

MAGDALENA. ¡Vamos a verlo!

*(Salen rápidas)*

CRIADA. *(A Adela)* ¿Tú no vas?

ADELA. No me importa.

CRIADA. Como dará la vuelta a la esquina, desde la ventana de tu cuarto se verá mejor.

*(Sale la Criada)*

*(Adela queda en escena dudando. Después de un instante se va también rápida hacia su habitación. Salen Bernarda y la Poncia)*

BERNARDA. ¡Malditas particiones!

LA PONCIA. ¡Cuánto dinero le queda a Angustias!

BERNARDA. Sí.

LA PONCIA. Y a las otras, bastante menos.

BERNARDA. Ya me lo has dicho tres veces y no te he querido replicar. Bastante menos, mucho menos. No me lo recuerdes más.

*(Sale Angustias muy compuesta de cara)*

**BERNARDA.** ¡Angustias!

**ANGUSTIAS.** Madre.

**BERNARDA.** ¿Pero has tenido valor de echarte polvos en la cara? ¿Has tenido valor de lavarte la cara el día de la misa de tu padre?

**ANGUSTIAS.** No era mi padre. El mío murió hace tiempo. ¿Es que ya no lo recuerda usted?

**BERNARDA.** ¡Más debes a este hombre, padre de tus hermanas, que al tuyo! Gracias a este hombre tienes colmada tu fortuna.

**ANGUSTIAS.** ¡Eso lo teníamos que ver!

**BERNARDA.** ¡Aunque fuera por decencia! ¡Por respeto!

**ANGUSTIAS.** Madre, déjeme usted salir.

**BERNARDA.** ¿Salir? Después que te hayas quitado esos polvos de la cara. ¡Suavona! ¡Yeyo! ¡Espejo de tus tías! *(Le quita violentamente con su pañuelo los polvos)* ¡Ahora vete!

**LA PONCIA.** ¡Bernarda, no seas tan inquisitiva!

**BERNARDA.** Aunque mi madre esté loca yo estoy con mis cinco sentidos y sé perfectamente lo que hago.

*(Entran todas)*

**MAGDALENA.** ¿Qué pasa?

**BERNARDA.** No pasa nada.

**MAGDALENA.** *(A Angustias)* Si es que discutís por las particiones, tú, que eres la más rica, te puedes quedar con todo.

**ANGUSTIAS.** ¡Guárdate la lengua en la madriguera!

**BERNARDA.** *(Golpeando con el bastón en el suelo)* ¡No os hagáis ilusiones de que vais a poder conmigo. ¡Hasta que salga de esta casa con los pies adelante mandaré en lo mío y en lo vuestro!

*(Se oyen unas voces y entra en escena María Josefa, la madre de Bernarda, viejísima, ataviada con flores en la cabeza y en el pecho)*

**MARÍA JOSEFA.** Bernarda, ¿dónde está mi mantilla? Nada de lo que tengo quiero que sea para vosotras, ni mis anillos, ni mi traje negro de moaré, porque ninguna de vosotras se va a casar. ¡Ninguna! ¡Bernarda, dame mi gargantilla de perlas!

**BERNARDA.** *(A la Criada)* ¿Por qué la habéis dejado entrar?

**CRIADA.** *(Temblando)* ¡Se me escapó!

**MARÍA JOSEFA.** Me escapé porque me quiero casar, porque quiero casarme con un varón hermoso de la orilla del mar, ya que aquí los hombres huyen de las mujeres.

**BERNARDA.** ¡Calle usted, madre!

**MARÍA JOSEFA.** No, no callo. No quiero ver a estas mujeres solteras, rabiando por la boda, haciéndose polvo el corazón, y yo me quiero ir a mi pueblo. ¡Bernarda, yo quiero un varón para casarme y tener alegría!

**BERNARDA.** ¡Encerradla!

**MARÍA JOSEFA.** ¡Déjame salir, Bernarda!

*(La Criada coge a María Josefa)*

**BERNARDA.** ¡Ayudarla vosotras!

*(Todas arrastran a la vieja)*

**MARÍA JOSEFA.** ¡Quiero irme de aquí! ¡Bernarda! ¡A casarme a la orilla del mar, a la orilla del mar!

## TELÓN RÁPIDO

# ACTO SEGUNDO

*Habitación blanca del interior de la casa de Bernarda.*
*Las puertas de la izquierda dan a los dormitorios.*
*Las hijas de Bernarda están sentadas en sillas bajas, cosiendo.*
*Magdalena borda. Con ellas está la Poncia.*

ANGUSTIAS. Ya he cortado la tercer sábana.

MARTIRIO. Le corresponde a Amelia.

MAGDALENA. Angustias, ¿pongo también las iniciales de Pepe?

ANGUSTIAS. *(Seca)* No.

MAGDALENA. *(A voces)* Adela, ¿no vienes?

AMELIA. Estará echada en la cama.

LA PONCIA. Ésa tiene algo. La encuentro sin sosiego, temblona, asustada, como si tuviera una lagartija entre los pechos.

MARTIRIO. No tiene ni más ni menos que lo que tenemos todas.

MAGDALENA. Todas, menos Angustias.

ANGUSTIAS. Yo me encuentro bien, y al que le duela que reviente.

MAGDALENA. Desde luego hay que reconocer que lo mejor que has tenido siempre ha sido el talle y la delicadeza.

ANGUSTIAS. Afortunadamente pronto voy a salir de este infierno.

MAGDALENA. ¡A lo mejor no sales!

MARTIRIO. ¡Dejar esa conversación!

**ANGUSTIAS.** Y, además, ¡mas vale onza en el arca que ojos negros en la cara!

**MAGDALENA.** Por un oído me entra y por otro me sale.

**AMELIA.** *(A la Poncia)* Abre la puerta del patio a ver si nos entra un poco el fresco.


*(La Poncia lo hace)*


**MARTIRIO.** Esta noche pasada no me podía quedar dormida del calor.

**AMELIA.** ¡Yo tampoco!

**MAGDALENA.** Yo me levanté a refrescarme. Había un nublo negro de tormenta y hasta cayeron algunas gotas.

**LA PONCIA.** Era la una de la madrugada y salía fuego de la tierra. También me levanté yo. Todavía estaba Angustias con Pepe en la ventana.

**MAGDALENA.** *(Con ironía)* ¿Tan tarde? ¿A qué hora se fue?

**ANGUSTIAS.** Magdalena, ¿a qué preguntas, si lo viste?

**AMELIA.** Se iría a eso de la una y media.

**ANGUSTIAS.** Sí. ¿Tú por qué lo sabes?

**AMELIA.** Lo sentí toser y oí los pasos de su jaca.

**LA PONCIA.** ¡Pero si yo lo sentí marchar a eso de las cuatro!

**ANGUSTIAS.** ¡No sería él!

**LA PONCIA.** ¡Estoy segura!

**AMELIA.** A mí también me pareció...

**MAGDALENA.** ¡Qué cosa más rara!

*(Pausa)*

La Poncia. Oye, Angustias, ¿qué fue lo que te dijo la primera vez que se acercó a tu ventana?

Angustias. Nada. ¡Qué me iba a decir? Cosas de conversación.

Martirio. Verdaderamente es raro que dos personas que no se conocen se vean de pronto en una reja y ya novios.

Angustias. Pues a mí no me chocó.

Amelia. A mí me daría no sé qué.

Angustias. No, porque cuando un hombre se acerca a una reja ya sabe por los que van y vienen, llevan y traen, que se le va a decir que sí.

Martirio. Bueno, pero él te lo tendría que decir.

Angustias. ¡Claro!

Amelia. *(Curiosa)* ¿Y cómo te lo dijo?

Angustias. Pues, nada: "Ya sabes que ando detrás de ti, necesito una mujer buena, modosa, y ésa eres tú, si me das la conformidad."

Amelia. ¡A mí me da vergüenza de estas cosas!

Angustias. Y a mí, ¡pero hay que pasarlas!

La Poncia. ¿Y habló más?

Angustias. Sí, siempre habló él.

Martirio. ¿Y tú?

Angustias. Yo no hubiera podido. Casi se me salía el corazón por la boca. Era la primera vez que estaba sola de noche con un hombre.

**MAGDALENA.** Y un hombre tan guapo.

**ANGUSTIAS.** No tiene mal tipo.

**LA PONCIA.** Esas cosas pasan entre personas ya un poco instruidas, que hablan y dicen y mueven la mano... La primera vez que mi marido Evaristo el Colorín vino a mi ventana... ¡Ja, ja, ja!

**AMELIA.** ¿Qué pasó?

**LA PONCIA.** Era muy oscuro. Lo vi acercarse y, al llegar, me dijo: "Buenas noches." "Buenas noches", le dije yo, y nos quedamos callados más de media hora. Me corría el sudor por todo el cuerpo. Entonces Evaristo se acercó, se acercó que se quería meter por los hierros, y dijo con voz muy baja: "¡Ven que te tiente!"

*(Ríen todas. Amelia se levanta corriendo*

*y espía por una puerta)*

**AMELIA.** ¡Ay! Creí que llegaba nuestra madre.

**MAGDALENA.** ¡Buenas nos hubiera puesto! *(Siguen riendo)*

**AMELIA.** Chisst... ¡Que nos va a oír!

**LA PONCIA.** Luego se portó bien. En vez de darle por otra cosa, le dio por criar colorines hasta que murió. A vosotras, que sois solteras, os conviene saber de todos modos que el hombre a los quince días de boda deja la cama por la mesa, y luego la mesa por la tabernilla. Y la que no se conforma se pudre llorando en un rincón.

**AMELIA.** Tú te conformaste.

**LA PONCIA.** ¡Yo pude con él!

**MARTIRIO.** ¿Es verdad que le pegaste algunas veces?

**LA PONCIA.** Sí, y por poco lo dejo tuerto.

**MAGDALENA.** ¡Así debían ser todas las mujeres!

**LA PONCIA.** Yo tengo la escuela de tu madre. Un día me dijo no sé qué cosa y le maté todos los colorines con la mano del almirez. *(Ríen)*

**MAGDALENA.** Adela, niña, no te pierdas esto.

**AMELIA.** Adela. *(Pausa)*

**MAGDALENA.** ¡Voy a ver! *(Entra)*

**LA PONCIA.** ¡Esa niña está mala!

**MARTIRIO.** Claro, ¡no duerme apenas!

**LA PONCIA.** Pues, ¿qué hace?

**MARTIRIO.** ¡Yo qué sé lo que hace!

**LA PONCIA.** Mejor lo sabrás tú que yo, que duermes pared por medio.

**ANGUSTIAS.** La envidia la come.

**AMELIA.** No exageres.

**ANGUSTIAS.** Se lo noto en los ojos. Se le está poniendo mirar de loca.

**MARTIRIO.** No habléis de locos. Aquí es el único sitio donde no se puede pronunciar esta palabra.

*(Sale Magdalena con Adela)*

**MAGDALENA.** Pues, ¿no estabas dormida?

**ADELA.** Tengo mal cuerpo.

**MARTIRIO.** *(Con intención)* ¿Es que no has dormido bien esta noche?

**ADELA.** Sí.

**MARTIRIO.** ¿Entonces?

**ADELA.** *(Fuerte)* ¡Déjame ya! ¡Durmiendo o velando, no tienes por qué meterte en lo mío! ¡Yo hago con mi cuerpo lo que me parece!

**MARTIRIO.** ¡Sólo es interés por ti!

**ADELA.** Interés o inquisición. ¿No estabais cosiendo? Pues seguir. ¡Quisiera ser invisible, pasar por las habitaciones sin que me preguntarais dónde voy!

**CRIADA.** *(Entra)* Bernarda os llama. Está el hombre de los encajes. *(Salen)*

*(Al salir, Martirio mira fijamente a Adela)*

**ADELA.** ¡No me mires más! Si quieres te daré mis ojos, que son frescos, y mis espaldas, para que te compongas la joroba que tienes, pero vuelve la cabeza cuando yo pase.

*(Se va Martirio)*

**LA PONCIA.** ¡Adela, que es tu hermana, y además la que más te quiere!

**ADELA.** Me sigue a todos lados. A veces se asoma a mi cuarto para ver si duermo. No me deja respirar. Y siempre: "¡Qué lástima de cara! ¡Qué lástima de cuerpo, que no va a ser para nadie!" ¡Y eso no! Mi cuerpo será de quien yo quiera!

**LA PONCIA.** *(Con intención y en voz baja)* De Pepe el Romano, ¿no es eso?

**ADELA.** *(Sobrecogida)* ¿Qué dices?

**LA PONCIA.** ¡Lo que digo, Adela!

**ADELA.** ¡Calla!

**LA PONCIA.** *(Alto)* ¿Crees que no me he fijado?

**ADELA.** ¡Baja la voz!

**LA PONCIA.** ¡Mata esos pensamientos!

**ADELA.** ¿Qué sabes tú?

**LA PONCIA.** Las viejas vemos a través de las paredes. ¿Dónde vas de noche cuando te levantas?

**ADELA.** ¡Ciega debías estar!

**LA PONCIA.** Con la cabeza y las manos llenas de ojos cuando se trata de lo que se trata. Por mucho que pienso no sé lo que te propones. ¿Por qué te pusiste casi desnuda con la luz encendida y la ventana abierta al pasar Pepe el segundo día que vino a hablar con tu hermana?

**ADELA.** ¡Eso no es verdad!

**LA PONCIA.** ¡No seas como los niños chicos! Deja en paz a tu hermana y si Pepe el Romano te gusta te aguantas. *(Adela llora)* Además, ¿quién dice que no te puedas casar con él? Tu hermana Angustias es una enferma. Ésa no resiste el primer parto. Es estrecha de cintura, vieja, y con mi conocimiento te digo que se morirá. Entonces Pepe hará lo que hacen todos los viudos de esta tierra: se casará con la más joven, la más hermosa, y ésa eres tú. Alimenta esa esperanza, olvídalo. Lo que quieras, pero no vayas contra la ley de Dios.

**ADELA.** ¡Calla!

**LA PONCIA.** ¡No callo!

**ADELA.** Métete en tus cosas, ¡oledora! ¡pérfida!

**LA PONCIA.** ¡Sombra tuya he de ser!

**ADELA.** En vez de limpiar la casa y acostarte para rezar a tus muertos, buscas como una vieja marrana asuntos de hombres y mujeres para babosear en ellos.

**LA PONCIA.** ¡Velo! Para que las gentes no escupan al pasar por esta puerta.

**ADELA.** ¡Qué cariño tan grande te ha entrado de pronto por mi hermana!

**LA PONCIA.** No os tengo ley a ninguna, pero quiero vivir en casa decente. ¡No quiero mancharme de vieja!

**ADELA.** Es inútil tu consejo. Ya es tarde. No por encima de ti, que eres una criada, por encima de mi madre saltaría para apagarme este fuego que tengo levantado por piernas y boca. ¿Qué puedes decir de mí? Que me encierro en mi cuarto y no abro la puerta? ¿Que no duermo? ¡Soy más lista que tú! Mira a ver si puedes agarrar la liebre con tus manos.

**LA PONCIA.** No me desafíes. ¡Adela, no me desafíes! Porque yo puedo dar voces, encender luces y hacer que toquen las campanas.

**ADELA.** Trae cuatro mil bengalas amarillas y ponlas en las bardas del corral. Nadie podrá evitar que suceda lo que tiene que suceder.

**LA PONCIA.** ¡Tanto te gusta ese hombre!

**ADELA.** ¡Tanto! Mirando sus ojos me parece que bebo su sangre lentamente.

**LA PONCIA.** Yo no te puedo oír.

ADELA. ¡Pues me oirás! Te he tenido miedo. ¡Pero ya soy más fuerte que tú!

*(Entra Angustias)*

ANGUSTIAS. ¡Siempre discutiendo!

LA PONCIA. Claro, se empeña en que, con el calor que hace, vaya a traerle no sé qué cosa de la tienda.

ANGUSTIAS. ¿Me compraste el bote de esencia?

LA PONCIA. El más caro. Y los polvos. En la mesa de tu cuarto los he puesto.

*(Sale Angustias)*

ADELA. ¡Y chitón!

LA PONCIA. ¡Lo veremos!

*(Entran Martirio,
Amelia y Magdalena)*

MAGDALENA. *(A Adela)* ¿Has visto los encajes?

AMELIA. Los de Angustias para sus sábanas de novia son preciosos.

ADELA. *(A Martirio, que trae unos encajes)* ¿Y éstos?

MARTIRIO. Son para mí. Para una camisa.

ADELA. *(Con sarcasmo)* ¡Se necesita buen humor!

**Martirio.** *(Con intención)* Para verlos yo. No necesito lucirme ante nadie.

**La Poncia.** Nadie la ve a una en camisa.

**Martirio.** *(Con intención y mirando a Adela)* ¡A veces! Pero me encanta la ropa interior. Si fuera rica la tendría de holanda. Es uno de los pocos gustos que me quedan.

**La Poncia.** Estos encajes son preciosos para las gorras de niño, para mantehuelos de cristianar. Yo nunca pude usarlos en los míos. A ver si ahora Angustias los usa en los suyos. Como le dé por tener crías vais a estar cosiendo mañana y tarde.

**Magdalena.** Yo no pienso dar una puntada.

**Amelia.** Y mucho menos cuidar niños ajenos. Mira tú cómo están las vecinas del callejón, sacrificadas por cuatro monigotes.

**La Poncia.** Ésas están mejor que vosotras. ¡Siquiera allí se ríe y se oyen porrazos!

**Martirio.** Pues vete a servir con ellas.

**La Poncia.** No. ¡Ya me ha tocado en suerte este convento!

*(Se oyen unos campanillos lejanos, como a través de varios muros)*

**Magdalena.** Son los hombres que vuelven al trabajo.

**La Poncia.** Hace un minuto dieron las tres.

**Martirio.** ¡Con este sol!

**Adela.** *(Sentándose)* ¡Ay, quién pudiera salir también a los campos!

**MAGDALENA.** *(Sentándose)* ¡Cada clase tiene que hacer lo suyo!

**MARTIRIO.** *(Sentándose)* ¡Así es!

**AMELIA.** *(Sentándose)* ¡Ay!

**LA PONCIA.** No hay alegría como la de los campos en esta época. Ayer de mañana llegaron los segadores. Cuarenta o cincuenta buenos mozos.

**MAGDALENA.** ¿De dónde son este año?

**LA PONCIA.** De muy lejos. Vinieron de los montes. ¡Alegres! ¡Como árboles quemados! ¡Dando voces y arrojando piedras! Anoche llegó al pueblo una mujer vestida de lentejuelas y que bailaba con un acordeón, y quince de ellos la contrataron para llevársela al olivar. Yo los vi de lejos. El que la contrataba era un muchacho de ojos verdes, apretado como una gavilla de trigo.

**AMELIA.** ¿Es eso cierto?

**ADELA.** ¡Pero es posible!

**LA PONCIA.** Hace años vino otra de éstas y yo misma di dinero a mi hijo mayor para que fuera. Los hombres necesitan estas cosas.

**ADELA.** Se les perdona todo.

**AMELIA.** Nacer mujer es el mayor castigo.

**MAGDALENA.** Y ni nuestros ojos siquiera nos pertenecen.

*(Se oye un canto lejano que se va acercando)*

**LA PONCIA.** Son ellos. Traen unos cantos preciosos.

**AMELIA.** Ahora salen a segar.

CORO.

> Ya salen los segadores
> en busca de las espigas;
> se llevan los corazones
> de las muchachas que miran.

*(Se oyen panderos y carrañacas. Pausa.*
*Todas oyen en un silencio traspasado por el sol)*

AMELIA. ¡Y no les importa el calor!

MARTIRIO. Siegan entre llamaradas.

ADELA. Me gustaría segar para ir y venir. Así se olvida lo que nos muerde.

MARTIRIO. ¿Qué tienes tú que olvidar?

ADELA. Cada una sabe sus cosas.

MARTIRIO. *(Profunda)* ¡Cada una!

LA PONCIA. ¡Callar! ¡Callar!

CORO. *(Muy lejano)*

> Abrir puertas y ventanas
> las que vivís en el pueblo;
> el segador pide rosas
> para adornar su sombrero.

LA PONCIA. ¡Qué canto!

MARTIRIO. *(Con nostalgia)*

> Abrir puertas y ventanas
> las que vivís en el pueblo...

ADELA. *(Con pasión)*

> ... el segador pide rosas
> para adornar su sombrero.

*(Se va alejando el cantar)*

**La Poncia.** Ahora dan la vuelta a la esquina.

**Adela.** Vamos a verlos por la ventana de mi cuarto.

**La Poncia.** Tened cuidado con no entreabrirla mucho, porque son capaces de dar un empujón para ver quién mira.

*(Se van las tres. Martirio queda sentada en la silla baja con la cabeza entre las manos)*

**Amelia.** *(Acercándose)* ¿Qué te pasa?

**Martirio.** Me sienta mal el calor.

**Amelia.** ¿No es más que eso?

**Martirio.** Estoy deseando que llegue noviembre, los días de lluvia, la escarcha; todo lo que no sea este verano interminable.

**Amelia.** Ya pasará y volverá otra vez.

**Martirio.** ¡Claro! *(Pausa)* ¿A qué hora te dormiste anoche?

**Amelia.** No sé. Yo duermo como un tronco. ¿Por qué?

**Martirio.** Por nada, pero me pareció oír gente en el corral.

**Amelia.** ¿Sí?

**Martirio.** Muy tarde.

**Amelia.** ¿Y no tuviste miedo?

**Martirio.** No. Ya lo he oído otras noches.

**Amelia.** Debíamos tener cuidado. ¿No serían los gañanes?

**MARTIRIO.** Los gañanes llegan a las seis.

**AMELIA.** Quizá una mulilla sin desbravar.

**MARTIRIO.** *(Entre dientes y llena de segunda intención)* ¡Eso, eso!, una mulilla sin desbravar.

**AMELIA.** ¡Hay que prevenir!

**MARTIRIO.** ¡No, no! No digas nada. Puede ser un barrunto mío.

**AMELIA.** Quizá.

*(Pausa. Amelia inicia el mutis)*

**MARTIRIO.** Amelia.

**AMELIA.** *(En la puerta)* ¿Qué?

*(Pausa)*

**MARTIRIO.** Nada.

*(Pausa)*

**AMELIA.** ¿Por qué me llamaste?

*(Pausa)*

**MARTIRIO.** Se me escapó. Fue sin darme cuenta.

*(Pausa)*

**Amelia.** Acuéstate un poco.

**Angustias.** *(Entrando furiosa en escena, de modo que haya un gran contraste con los silencios anteriores)* ¿Dónde está el retrato de Pepe que tenía yo debajo de mi almohada? ¿Quién de vosotras lo tiene?

**Martirio.** Ninguna.

**Amelia.** Ni que Pepe fuera un San Bartolomé de plata.

**Angustias.** ¿Dónde está el retrato?

*(Entran La Poncia, Magdalena y Adela)*

**Adela.** ¿Qué retrato?

**Angustias.** Una de vosotras me lo ha escondido.

**Magdalena.** ¿Tienes la desvergüenza de decir esto?

**Angustias.** Estaba en mi cuarto y no está.

**Martirio.** ¿Y no se habrá escapado a medianoche al corral? A Pepe le gusta andar con la luna.

**Angustias.** ¡No me gastes bromas! Cuando venga se lo contaré.

**La Poncia.** ¡Eso, no! ¡Porque aparecerá! *(Mirando Adela)*

**Angustias.** ¡Me gustaría saber cuál de vosotras lo tiene!

**Adela.** *(Mirando a Martirio)* ¡Alguna! ¡Todas, menos yo!

**Martirio.** *(Con intención)* ¡Desde luego!

**BERNARDA.** *(Entrando con su bastón)* ¿Qué escándalo es éste en mi casa y con el silencio del peso del calor? Estarán las vecinas con el oído pegado a los tabiques.

**ANGUSTIAS.** Me han quitado el retrato de mi novio.

**BERNARDA.** *(Fiera)* ¿Quién? ¿Quién?

**ANGUSTIAS.** ¡Éstas!

**BERNARDA.** ¿Cuál de vosotras? *(Silencio)* ¡Contestarme! *(Silencio. A Poncia)* Registra los cuartos, mira por las camas. Esto tiene no ataros más cortas. ¡Pero me vais a soñar! *(A Angustias)* ¿Estás segura?

**ANGUSTIAS.** Sí.

**BERNARDA.** ¿Lo has buscado bien?

**ANGUSTIAS.** Sí, madre.

*(Todas están en medio de un embarazoso silencio)*

**BERNARDA.** Me hacéis al final de mi vida beber el veneno más amargo que una madre puede resistir. *(A Poncia)* ¿No lo encuentras?

**LA PONCIA.** *(Saliendo)* Aquí está.

**BERNARDA.** ¿Dónde lo has encontrado?

**LA PONCIA.** Estaba...

**BERNARDA.** Dilo sin temor.

**LA PONCIA.** *(Extrañada)* Entre las sábanas de la cama de Martirio.

**BERNARDA.** *(A Martirio)* ¿Es verdad?

**MARTIRIO.** ¡Es verdad!

**BERNARDA.** *(Avanzando y golpeándola con el bastón)* ¡Mala puñalada te den, mosca muerta! ¡Sembradura de vidrios!

**MARTIRIO.** *(Fiera)* ¡No me pegue usted, madre!

**BERNARDA.** ¡Todo lo que quiera!

**MARTIRIO.** ¡Si yo la dejo! ¿Lo oye? ¡Retírese usted!

**LA PONCIA.** No faltes a tu madre.

**ANGUSTIAS.** *(Cogiendo a Bernarda)* Déjela. ¡Por favor!

**BERNARDA.** Ni lágrimas te quedan en esos ojos.

**MARTIRIO.** No voy a llorar para darle gusto.

**BERNARDA.** ¿Por qué has cogido el retrato?

**MARTIRIO.** ¿Es que yo no puedo gastar una broma a mi hermana? ¿Para qué otra cosa lo iba a querer?

**ADELA.** *(Saltando llena de celos)* No ha sido broma, que tú no has gustado nunca de juegos. Ha sido otra cosa que te reventaba el pecho por querer salir. Dilo ya claramente.

**MARTIRIO.** ¡Calla y no me hagas hablar, que si hablo se van a juntar las paredes unas con otras de vergüenza!

**ADELA.** ¡La mala lengua no tiene fin para inventar!

**BERNARDA.** ¡Adela!

**MAGDALENA.** Estáis locas.

**AMELIA.** Y nos apedreáis con malos pensamientos.

**MARTIRIO.** Otras hacen cosas más malas.

**ADELA.** Hasta que se pongan en cueros de una vez y se las lleve el río.

**BERNARDA.** ¡Perversa!

**ANGUSTIAS.** Yo no tengo la culpa de que Pepe el Romano se haya fijado en mí.

**ADELA.** ¡Por tus dineros!

**ANGUSTIAS.** ¡Madre!

**BERNARDA.** ¡Silencio!

**MARTIRIO.** Por tus marjales y tus arboledas.

**MAGDALENA.** ¡Eso es lo justo!

**BERNARDA.** ¡Silencio digo! Yo veía la tormenta venir, pero no creía que estallara tan pronto. ¡Ay, qué pedrisco de odio habéis echado sobre mi corazón! Pero todavía no soy anciana y tengo cinco cadenas para vosotras y esta casa levantada por mi padre para que ni las hierbas se enteren de mi desolación. ¡Fuera de aquí! *(Salen. Bernarda se sienta desolada. La Poncia está de pie arrimada a los muros. Bernarda reacciona, da un golpe en el suelo y dice:)* ¡Tendré que sentarles la mano! Bernarda, ¡acuérdate que ésta es tu obligación!

**LA PONCIA.** ¿Puedo hablar?

**BERNARDA.** Habla. Siento que hayas oído. Nunca está bien una extraña en el centro de la familia.

**LA PONCIA.** Lo visto, visto está.

**BERNARDA.** Angustias tiene que casarse en seguida.

**LA PONCIA.** Hay que retirarla de aquí.

**BERNARDA.** No a ella. ¡A él!

**LA PONCIA.** ¡Claro, a él hay que alejarlo de aquí! Piensas bien.

**BERNARDA.** No pienso. Hay cosas que no se pueden ni se deben pensar. Yo ordeno.

**LA PONCIA.** ¿Y tú crees que él querrá marcharse?

**BERNARDA.** *(Levantándose)* ¿Qué imagina tu cabeza?

**LA PONCIA.** Él, claro, ¡se casará con Angustias!

**BERNARDA.** Habla. Te conozco demasiado para saber que ya me tienes preparada la cuchilla.

**LA PONCIA.** Nunca pensé que se llamara asesinato al aviso.

**BERNARDA.** ¿Me tienes que prevenir algo?

**LA PONCIA.** Yo no acuso, Bernarda. Yo sólo te digo: abre los ojos y verás.

**BERNARDA.** ¿Y verás qué?

**LA PONCIA.** Siempre has sido lista. Has visto lo malo de las gentes a cien leguas. Muchas veces creí que adivinabas los pensamientos. Pero los hijos son los hijos. Ahora estás ciega.

**BERNARDA.** ¿Te refieres a Martirio?

**LA PONCIA.** Bueno, a Martirio... *(Con curiosidad)* ¿Por qué habrá escondido el retrato?

**BERNARDA.** *(Queriendo ocultar a su hija)* Después de todo ella dice que ha sido una broma. ¿Qué otra cosa puede ser?

**LA PONCIA.** *(Con sorna)* ¿Tú lo crees así?

**BERNARDA.** *(Enérgica)* No lo creo. ¡Es así!

**LA PONCIA.** Basta. Se trata de lo tuyo. Pero si fuera la vecina de enfrente, ¿qué sería?

**BERNARDA.** Ya empiezas a sacar la punta del cuchillo.

**LA PONCIA.** *(Siempre con crueldad)* No, Bernarda, aquí pasa una cosa muy grande. Yo no te quiero echar la culpa, pero tú no has dejado a tus hijas libres. Martirio es enamoradiza, digas lo que tú quieras. ¿Por qué no la dejaste casar con Enrique Humanes? ¿Por qué el mismo día que iba a venir a la ventana le mandaste recado que no viniera?

**BERNARDA.** *(Fuerte)* ¡Y lo haría mil veces! Mi sangre no se junta con la de los Humanes mientras yo viva! Su padre fue gañán.

**LA PONCIA.** ¡Y así te va a ti con esos humos!

**BERNARDA.** Los tengo porque puedo tenerlos. Y tú no los tienes porque sabes muy bien cuál es tu origen.

**LA PONCIA.** *(Con odio)* ¡No me lo recuerdes! Estoy ya vieja, siempre agradecí tu protección.

**BERNARDA.** *(Crecida)* ¡No lo parece!

**LA PONCIA.** *(Con odio envuelto en suavidad)* A Martirio se le olvidará esto.

**BERNARDA.** Y si no lo olvida peor para ella. No creo que ésta sea la «cosa muy grande» que aquí pasa. Aquí no pasa nada. ¡Eso quisieras tú! Y si pasara algún día estáte segura que no traspasaría las paredes.

**LA PONCIA.** ¡Eso no lo sé yo! En el pueblo hay gentes que leen también de lejos los pensamientos escondidos.

**BERNARDA.** ¡Cómo gozarías de vernos a mí y a mis hijas camino del lupanar!

**LA PONCIA.** ¡Nadie puede conocer su fin!

**BERNARDA.** ¡Yo sí sé mi fin! ¡Y el de mis hijas! El lupanar se queda para alguna mujer ya difunta...

**LA PONCIA.** *(Fiera)* ¡Bernarda! ¡Respeta la memoria de mi madre!

**BERNARDA.** ¡No me persigas tú con tus malos pensamientos!

*(Pausa)*

**LA PONCIA.** Mejor será que no me meta en nada.

**BERNARDA.** Eso es lo que debías hacer. Obrar y callar a todo. Es la obligación de los que viven a sueldo.

**LA PONCIA.** Pero no se puede. ¿A ti no te parece que Pepe estaría mejor casado con Martirio o... ¡sí!, con Adela?

**BERNARDA.** No me parece.

**LA PONCIA.** *(Con intención)* Adela. ¡Ésa es la verdadera novia del Romano!

**BERNARDA.** Las cosas no son nunca a gusto nuestro.

**LA PONCIA.** Pero les cuesta mucho trabajo desviarse de la verdadera inclinación. A mí me parece mal que Pepe esté con Angustias, y a las gentes, y hasta al aire. ¡Quién sabe si se saldrán con la suya!

**BERNARDA.** ¡Ya estamos otra vez!... Te deslizas para llenarme de malos sueños. Y no quiero entenderte, porque si llegara al alcance de todo lo que dices te tendría que arañar.

**LA PONCIA.** ¡No llegará la sangre al río!

**BERNARDA.** ¡Afortunadamente mis hijas me respetan y jamás torcieron mi voluntad!

**LA PONCIA.** ¡Eso sí! Pero en cuanto las dejes sueltas se te subirán al tejado.

**BERNARDA.** ¡Ya las bajaré tirándoles cantos!

**LA PONCIA.** ¡Desde luego eres la más valiente!

**BERNARDA.** ¡Siempre gasté sabrosa pimienta!

**LA PONCIA.** ¡Pero lo que son las cosas! A su edad. ¡Hay que ver el entusiasmo de Angustias con su novio! ¡Y él también parece muy picado! Ayer me contó mi hijo mayor que a las cuatro y media de la madrugada, que pasó por la calle con la yunta, estaban hablando todavía.

**BERNARDA.** ¡A las cuatro y media!

**ANGUSTIAS.** *(Saliendo)* ¡Mentira!

**LA PONCIA.** Eso me contaron.

**BERNARDA.** *(A Angustias)* ¡Habla!

**ANGUSTIAS.** Pepe lleva más de una semana marchándose a la una. Que Dios me mate si miento.

**MARTIRIO.** *(Saliendo)* Yo también lo sentí marcharse a las cuatro.

**BERNARDA.** Pero, ¿lo viste con tus ojos?

**MARTIRIO.** No quise asomarme. ¿No habláis ahora por la ventana del callejón?

**ANGUSTIAS.** Yo hablo por la ventana de mi dormitorio.


*(Aparece Adela en la puerta)*


**MARTIRIO.** Entonces...

**BERNARDA.** ¿Qué es lo que pasa aquí?

**LA PONCIA.** ¡Cuida de enterarte! Pero, desde luego, Pepe estaba a las cuatro de la madrugada en una reja de tu casa.

**BERNARDA.** ¿Lo sabes seguro?

**LA PONCIA.** Seguro no se sabe nada en esta vida.

**ADELA.** Madre, no oiga usted a quien nos quiere perder a todas.

**BERNARDA.** ¡Yo sabré enterarme! Si las gentes del pueblo quieren levantar falsos testimonios se encontrarán con mi pedernal. No se hable de este asunto. Hay a veces una ola de fango que levantan los demás para perdernos.

**MARTIRIO.** A mí no me gusta mentir.

**LA PONCIA.** Y algo habrá.

**BERNARDA.** No habrá nada. Nací para tener los ojos abiertos. Ahora vigilaré sin cerrarlos ya hasta que me muera.

**ANGUSTIAS.** Yo tengo derecho de enterarme.

**BERNARDA.** Tú no tienes derecho más que a obedecer. Nadie me traiga ni me lleve. *(A la Poncia)* Y tú te metes en los asuntos de tu casa. ¡Aquí no se vuelve a dar un paso que yo no sienta!

**CRIADA.** *(Entrando)* ¡En lo alto de la calle hay un gran gentío y todos los vecinos están en sus puertas!

**BERNARDA.** *(A Poncia)* ¡Corre a enterarte de lo que pasa! *(Las mujeres corren para salir)* ¿Dónde vais? Siempre os supe mujeres ventaneras y rompedoras de su luto. ¡Vosotras al patio!

*(Salen y sale Bernarda. Se oyen rumores lejanos.
Entran Martirio y Adela, que se quedan escuchando
y sin atreverse a dar un paso más de la puerta de salida)*

**MARTIRIO.** Agradece a la casualidad que no desaté mi lengua.

**ADELA.** También hubiera hablado yo.

**MARTIRIO.** ¿Y qué ibas a decir? ¡Querer no es hacer!

**ADELA.** Hace la que puede y la que se adelanta. Tú querías, pero no has podido.

**MARTIRIO.** No seguirás mucho tiempo.

**ADELA.** ¡Lo tendré todo!

**MARTIRIO.** Yo romperé tus abrazos.

**ADELA.** *(Suplicante)* ¡Martirio, déjame!

**MARTIRIO.** ¡De ninguna!

**ADELA.** ¡Él me quiere para su casa!

**MARTIRIO.** ¡He visto cómo te abrazaba!

**ADELA.** Yo no quería. He ido como arrastrada por una maroma.

**MARTIRIO.** ¡Primero muerta!

*(Se asoman Magdalena y Angustias.
Se siente crecer el tumulto)*

**LA PONCIA.** *(Entrando con Bernarda)* ¡Bernarda!

**BERNARDA.** ¿Qué ocurre?

**LA PONCIA.** La hija de la Librada, la soltera, tuvo un hijo no se sabe con quién.

**ADELA.** ¿Un hijo?

**LA PONCIA.** Y para ocultar su vergüenza lo mató y lo metió debajo de unas piedras; pero unos perros, con más corazón que muchas criaturas, lo sacaron y como llevados por la mano de Dios lo han puesto en el tranco de su puerta. Ahora la quieren matar. La traen arrastrando por la calle abajo, y por las trochas y los terrenos del olivar vienen los hombres corriendo, dando unas voces que estremecen los campos.

**BERNARDA.** Sí, que vengan todos con varas de olivo y mangos de azadones, que vengan todos para matarla.

**ADELA.** ¡No, no, para matarla no!

**MARTIRIO.** Sí, y vamos a salir también nosotras.

**BERNARDA.** Y que pague la que pisotea su decencia.

*(Fuera su oye un grito de mujer y un gran rumor)*

**Adela.** ¡Que la dejen escapar! ¡No salgáis vosotras!

**Martirio.** *(Mirando a Adela)* ¡Que pague lo que debe!

**Bernarda.** *(Bajo el arco)* ¡Acabar con ella antes que lleguen los guardias! ¡Carbón ardiendo en el sitio de su pecado!

**Adela.** *(Cogiéndose el vientre)* ¡No! ¡No!

**Bernarda.** ¡Matadla! ¡Matadla!


## TELÓN RÁPIDO

# ACTO TERCERO

*Cuatro paredes blancas ligeramente azuladas del patio interior de la casa de Bernarda. Es de noche. El decorado ha de ser de una perfecta simplicidad. Las puertas, iluminadas por la luz de los interiores, dan un tenue fulgor a la escena. En el centro, una mesa con un quinqué, donde están comiendo Bernarda y sus hijas. La Poncia las sirve. Prudencia está sentada aparte.*

*(Al levantarse el telón hay un gran silencio, interrumpido por el ruido de platos y cubiertos)*

PRUDENCIA. Ya me voy. Os he hecho una visita larga. *(Se levanta)*

BERNARDA. Espérate, mujer. No nos vemos nunca.

PRUDENCIA. ¿Han dado el último toque para el rosario?

LA PONCIA. Todavía no.

*(Prudencia se sienta)*

BERNARDA. ¿Y tu marido cómo sigue?

PRUDENCIA. Igual.

BERNARDA. Tampoco lo vemos.

PRUDENCIA. Ya sabes sus costumbres. Desde que se peleó con sus hermanos por la herencia no ha salido por la puerta de la calle. Pone una escalera y salta las tapias del corral.

BERNARDA. Es un verdadero hombre. ¿Y con tu hija...?

171

**PRUDENCIA.** No la ha perdonado.

**BERNARDA.** Hace bien.

**PRUDENCIA.** No sé qué te diga. Yo sufro por esto.

**BERNARDA.** Una hija que desobedece deja de ser hija para convertirse en una enemiga.

**PRUDENCIA.** Yo dejo que el agua corra. No me queda más consuelo que refugiarme en la iglesia, pero como me estoy quedando sin vista tendré que dejar de venir para que no jueguen con una los chiquillos. *(Se oye un gran golpe, como dado en los muros)* ¿Qué es eso?

**BERNARDA.** El caballo garañón, que está encerrado y da coces contra el muro. *(A voces)* ¡Trabadlo y que salga al corral! *(En voz baja)* Debe tener calor.

**PRUDENCIA.** ¿Vais a echarle las potras nuevas?

**BERNARDA.** Al amanecer.

**PRUDENCIA.** Has sabido acrecentar tu ganado.

**BERNARDA.** A fuerza de dinero y sinsabores.

**LA PONCIA.** *(Interviniendo)* ¡Pero tiene la mejor manada de estos contornos! Es una lástima que esté bajo de precio.

**BERNARDA.** ¿Quieres un poco de queso y miel?

**PRUDENCIA.** Estoy desganada.

*(Se oye otra vez el golpe)*

**LA PONCIA.** ¡Por Dios!

**PRUDENCIA.** ¡Me ha retemblado dentro del pecho!

**BERNARDA.** *(Levantándose furiosa)* ¿Hay que decir las cosas dos veces? ¡Echadlo que se revuelque en los montones de paja! *(Pausa, y como hablando con los gañanes)* Pues encerrad las potras en la cuadra, pero dejadlo libre, no sea que nos eche abajo las paredes. *(Se dirige a la mesa y se sienta otra vez)* ¡Ay, qué vida!

PRUDENCIA. Bregando como un hombre.

BERNARDA. Así es. *(Adela se levanta de la mesa)* ¿Dónde vas?

ADELA. A beber agua.

BERNARDA. *(En alta voz)* Trae un jarro de agua fresca. *(A Adela)* Puedes sentarte. *(Adela se sienta)*

PRUDENCIA. Y Angustias, ¿cuándo se casa?

BERNARDA. Vienen a pedirla dentro de tres días.

PRUDENCIA. ¡Estarás contenta!

ANGUSTIAS. ¡Claro!

AMELIA. *(A Magdalena)* ¡Ya has derramado la sal!

MAGDALENA. Peor suerte que tienes no vas a tener.

AMELIA. Siempre trae mala sombra.

BERNARDA. ¡Vamos!

PRUDENCIA. *(A Angustias)* ¿Te ha regalado ya el anillo?

ANGUSTIAS. Mírelo usted. *(Se lo alarga)*

PRUDENCIA. Es precioso. Tres perlas. En mi tiempo las perlas significaban lágrimas..

ANGUSTIAS. Pero y a las cosas han cambiado.

ADELA. Yo creo que no. Las cosas significan siempre lo mismo. Los anillos de pedida deben ser de diamantes.

PRUDENCIA. Es más propio.

**BERNARDA.** Con perlas o sin ellas las cosas son como una se las propone.

**MARTIRIO.** O como Dios dispone.

**PRUDENCIA.** Los muebles me han dicho que son preciosos.

**BERNARDA.** Dieciséis mil reales he gastado.

**LA PONCIA.** *(Interviniendo)* Lo mejor es el armario de luna.

**PRUDENCIA.** Nunca vi un mueble de éstos.

**BERNARDA.** Nosotras tuvimos arca.

**PRUDENCIA.** Lo preciso es que todo sea para bien.

**ADELA.** Que nunca se sabe.

**BERNARDA.** No hay motivo para que no lo sea.

*(Se oyen lejanísimas unas campanas)*

**PRUDENCIA.** El último toque. *(A Angustias)* Ya vendré a que me enseñes la ropa.

**ANGUSTIAS.** Cuando usted quiera.

**PRUDENCIA.** Buenas noches nos dé Dios. Muchacha.

**BERNARDA.** Adiós, Prudencia.

**LAS CINCO A LA VEZ.** Vaya usted con Dios.

*(Pausa. Sale Prudencia)*

**BERNARDA.** Ya hemos comido. *(Se levantan)*

**ADELA.** Voy a llegarme hasta el portón para estirar las piernas y tomar un poco el fresco.

*(Magdalena se sienta en una silla*
*baja retrepada contra la pared)*

**AMELIA.** Yo voy contigo.

**MARTIRIO.** Y yo.

**ADELA.** *(Con odio contenido)* No me voy a perder.

**AMELIA.** La noche quiere compaña.

*(Salen. Bernarda se sienta y*
*Angustias está arreglando la mesa)*

**BERNARDA.** Ya te he dicho que quiero que hables con tu hermana Martirio. Lo que pasó del retrato fue una broma y lo debes olvidar.

**ANGUSTIAS.** Usted sabe que ella no me quiere.

**BERNARDA.** Cada uno sabe lo que piensa por dentro. Yo no me meto en los corazones, pero quiero buena fachada y armonía familiar. ¿Lo entiendes?

**ANGUSTIAS.** Sí.

**BERNARDA.** Pues ya está.

**MAGDALENA.** *(Casi dormida)* Además, ¡si te vas a ir antes de nada! *(Se duerme)*

**ANGUSTIAS.** Tarde me parece.

**BERNARDA.** ¿A qué hora terminaste anoche de hablar?

**ANGUSTIAS.** A las doce y media.

**BERNARDA.** ¿Qué cuenta Pepe?

**ANGUSTIAS.** Yo lo encuentro distraído. Me habla siempre como pensando en otra cosa. Si le pregunto qué le pasa, me contesta: «Los hombres tenemos nuestras preocupaciones.»

**BERNARDA.** No le debes preguntar. Y cuando te cases, menos. Habla si él habla y míralo cuando te mire. Así no tendrás disgustos.

**ANGUSTIAS.** Yo creo, madre, que él me oculta muchas cosas.

**BERNARDA.** No procures descubrirlas, no le preguntes y, desde luego, que no te vea llorar jamás.

**ANGUSTIAS.** Debía estar contenta y no lo estoy.

**BERNARDA.** Eso es lo mismo.

**ANGUSTIAS.** Muchas veces miro a Pepe con mucha fijeza y se me borra a través de los hierros, como si lo tapara una nube de polvo de las que levantan los rebaños.

**BERNARDA.** Eso son cosas de debilidad.

**ANGUSTIAS.** ¡Ojalá!

**BERNARDA.** ¿Viene esta noche?

**ANGUSTIAS.** No. Fue con su madre a la capital.

**BERNARDA.** Así nos acostaremos antes. ¡Magdalena!

**ANGUSTIAS.** Está dormida.

*(Entran Adela, Martirio y Amelia)*

**AMELIA.** ¡Qué noche más oscura!

**ADELA.** No se ve a dos pasos de distancia.

**MARTIRIO.** Una buena noche para ladrones, para el que necesite escondrijo.

**ADELA.** El caballo garañón estaba en el centro del corral. ¡Blanco! Doble de grande, llenando todo lo oscuro.

**AMELIA.** Es verdad. Daba miedo. ¡Parecía una aparición!

**ADELA.** Tiene el cielo unas estrellas como puños.

**MARTIRIO.** Ésta se puso a mirarlas de modo que se iba a tronchar el cuello.

**ADELA.** ¿Es que no te gustan a ti?

**MARTIRIO.** A mí las cosas de tejas arriba no me importan nada. Con lo que pasa dentro de las habitaciones tengo bastante.

**ADELA.** Así te va a ti.

**BERNARDA.** A ella le va en lo suyo como a ti en lo tuyo.

**ANGUSTIAS.** Buenas noches.

**ADELA.** ¿Ya te acuestas?

**ANGUSTIAS.** Sí, esta noche no viene Pepe. *(Sale)*

**ADELA.** Madre, ¿por qué cuando se corre una estrella o luce un relámpago se dice:

> Santa Bárbara bendita,
> que en el cielo estás escrita
> con papel y agua bendita?

**BERNARDA.** Los antiguos sabían muchas cosas que hemos olvidado.

**AMELIA.** Yo cierro los ojos para no verlas.

**ADELA.** Yo no. A mí me gusta ver correr lleno de lumbre lo que está quieto y quieto años enteros.

**MARTIRIO.** Pero estas cosas nada tienen que ver con nosotros.

**BERNARDA.** Y es mejor no pensar en ellas.

**ADELA.** ¡Qué noche más hermosa! Me gustaría quedarme hasta muy tarde para disfrutar el fresco del campo.

**BERNARDA.** Pero hay que acostarse. ¡Magdalena!

**AMELIA.** Está en el primer sueño.

**BERNARDA.** ¡Magdalena!

**MAGDALENA.** *(Disgustada)* ¡Dejarme en paz!

**BERNARDA.** ¡A la cama!

**MAGDALENA.** *(Levantándose malhumorada)* ¡No la dejáis a una tranquila! *(Se va refunfuñando)*

**AMELIA.** Buenas noches. *(Se va)*

**BERNARDA.** Andar vosotras también.

**MARTIRIO.** ¿Cómo es que esta noche no viene el novio de Angustias?

**BERNARDA.** Fue de viaje.

**MARTIRIO.** *(Mirando a Adela)* ¡Ah!

**ADELA.** Hasta mañana. *(Sale)*


*(Martirio bebe agua y sale lentamente mirando hacia la puerta del corral. Sale La Poncia)*


**LA PONCIA.** ¿Estás todavía aquí?

**BERNARDA.** Disfrutando este silencio y sin lograr ver por parte alguna « la cosa tan grande» que aquí pasa, según tú.

**LA PONCIA.** Bernarda, dejemos esa conversación.

**BERNARDA.** En esta casa no hay un sí ni un no. Mi vigilancia lo puede todo.

**LA PONCIA.** No pasa nada por fuera. Eso es verdad. Tus hijas están y viven como metidas en alacenas. Pero ni tú ni nadie puede vigilar por el interior de los pechos.

**BERNARDA.** Mis hijas tienen la respiración tranquila.

**LA PONCIA.** Eso te importa a ti, que eres su madre. A mí, con servir tu casa tengo bastante.

**BERNARDA.** Ahora te has vuelto callada.

**LA PONCIA.** Me estoy en mi sitio, y en paz.

**BERNARDA.** Lo que pasa es que no tienes nada que decir. Si en esta casa hubiera hierbas, ya te encargarías de traer a pastar las ovejas del vecindario.

**LA PONCIA.** Yo tapo más de lo que te figuras.

**BERNARDA.** ¿Sigue tu hijo viendo a Pepe a las cuatro de la mañana? ¿Siguen diciendo todavía la mala letanía de esta casa?

**LA PONCIA.** No dicen nada.

**BERNARDA.** Porque no pueden. Porque no hay carne donde morder. ¡A la vigilia de mis ojos se debe esto!

**LA PONCIA.** Bernarda, yo no quiero hablar porque temo tus intenciones. Pero no estés segura.

**BERNARDA.** ¡Segurísima!

**LA PONCIA.** ¡A lo mejor, de pronto, cae un rayo! ¡A lo mejor, de pronto, un golpe de sangre te para el corazón!

**BERNARDA.** Aquí no pasará nada. Ya estoy alerta contra tus suposiciones.

**LA PONCIA.** Pues mejor para ti.

**BERNARDA.** ¡No faltaba más!

**CRIADA.** *(Entrando)* Ya terminé de fregar los platos. ¿Manda usted algo, Bernarda?

**BERNARDA.** *(Levantándose)* Nada. Yo voy a descansar.

**LA PONCIA.** ¿A qué hora quiere que la llame?

**BERNARDA.** A ninguna. Esta noche voy a dormir bien. *(Se va)*

**LA PONCIA.** Cuando una no puede con el mar lo más fácil es volver las espaldas para no verlo.

**CRIADA.** Es tan orgullosa que ella misma se pone una venda en los ojos.

**LA PONCIA.** Yo no puedo hacer nada. Quise atajar las cosas, pero ya me asustan demasiado. ¿Tú ves este silencio? Pues hay una tormenta en cada cuarto. El día que estallen nos barrerán a todas. Yo he dicho lo que tenía que decir.

**CRIADA.** Bernarda cree que nadie puede con ella y no sabe la fuerza que tiene un hombre entre mujeres solas.

**LA PONCIA.** No es toda la culpa de Pepe el Romano. Es verdad que el año pasado anduvo detrás de Adela, y ésta estaba loca por él, pero ella debió estarse en su sitio y no provocarlo. Un hombre es un hombre.

**CRIADA.** Hay quien cree que habló muchas noches con Adela.

**LA PONCIA.** Es verdad. *(En voz baja)* Y otras cosas.

**CRIADA.** No sé lo que va a pasar aquí.

**LA PONCIA.** A mí me gustaría cruzar el mar y dejar esta casa de guerra..

**CRIADA.** Bernarda está aligerando la boda y es posible que nada pase.

**LA PONCIA.** Las cosas se han puesto ya demasiado maduras. Adela está decidida a lo que sea, y las demás vigilan sin descanso.

**CRIADA.** ¿Y Martirio también?

**La Poncia.** Ésa es la peor. Es un pozo de veneno. Ve que el Romano no es para ella y hundiría el mundo si estuviera en su mano.

**Criada.** ¡Es que son malas!

**La Poncia.** Son mujeres sin hombre, nada más. En estas cuestiones se olvida hasta la sangre. ¡Chisssssss! *(Escucha)*

**Criada.** ¿Qué pasa?

**La Poncia.** *(Se levanta)* Están ladrando los perros.

**Criada.** Debe haber pasado alguien por el portón.

*(Sale Adela en enaguas blancas y corpiño)*

**La Poncia.** ¿No te habías acostado?

**Adela.** Voy a beber agua. *(Bebe en un vaso de la mesa)*

**La Poncia.** Yo te suponía dormida.

**Adela.** Me despertó la sed. Y vosotras, ¿no descansáis?

**Criada.** Ahora.

*(Sale Adela)*

**La Poncia.** Vámonos.

**Criada.** Ganado tenemos el sueño. Bernarda no me deja descansar en todo el día.

**La Poncia.** Llévate la luz.

**Criada.** Los perros están como locos.

**La Poncia.** No nos van a dejar dormir.

*(Salen. La escena queda casi a oscuras.*
*Sale María Josefa con una oveja en los brazos)*

**MARÍA JOSEFA.**

Ovejita, niño mío,
vámonos a la orilla del mar.

La hormiguita estará en su puerta,
yo te daré la teta y el pan.

Bernarda,
cara de leoparda.

Magdalena,
cara de hiena.

¡Ovejita!
Meee, meee.

Vamos a los ramos del portal de Belén. *(Ríe)*

Ni tú ni yo queremos dormir.

La puerta sola se abrirá
y en la playa nos meteremos
en una choza de coral.

Bernarda,
cara de leoparda.

Magdalena,
cara de hiena.

¡Ovejita!
Meee, meee.

Vamos a los ramos del portal de Belén!

*(Se va cantando. Entra Adela. Mira a un lado y otro con sigilo, y desaparece por la puerta del corral. Sale Martirio por otra puerta y queda en angustioso acecho en el centro de la escena. También va en enaguas. Se cubre con un pequeño mantón negro de talle. Sale por enfrente de ella María Josefa)*

MARTIRIO. Abuela, ¿dónde va usted?

MARÍA JOSEFA. ¿Vas a abrirme la puerta? ¿Quién eres tú?

MARTIRIO. ¿Cómo está aquí?

MARÍA JOSEFA. Me escapé. ¿Tú quién eres?

MARTIRIO. Vaya a acostarse.

MARÍA JOSEFA. Tú eres Martirio, ya te veo. Martirio, cara de martirio. ¿Y cuándo vas a tener un niño? Yo he tenido éste.

MARTIRIO. ¿Dónde cogió esa oveja?

MARÍA JOSEFA. Ya sé que es una oveja. Pero, ¿por qué una oveja no va a ser un niño? Mejor es tener una oveja que no tener nada. Bernarda, cara de leoparda. Magdalena, cara de hiena.

MARTIRIO. No dé voces.

MARÍA JOSEFA. Es verdad. Está todo muy oscuro. Como tengo el pelo blanco crees que no puedo tener crías, y sí, crías y crías y crías. Este niño tendrá el pelo blanco y tendrá otro niño, y éste otro, y todos con el pelo de nieve, seremos como las olas, una y otra y otra. Luego nos sentaremos todos, y todos tendremos el cabello blanco y seremos espuma. ¿Por qué aquí no hay espuma? Aquí no hay más que mantos de luto.

MARTIRIO. Calle, calle.

**MARÍA JOSEFA.** Cuando mi vecina tenía un niño yo le llevaba chocolate y luego ella me lo traía a mí, y así siempre,
siempre, siempre. Tú tendrás el pelo blanco, pero no vendrán las vecinas. Yo tengo que marcharme, pero tengo
miedo de que los perros me muerdan. ¿Me acompañarás
tú a salir del campo? Yo quiero campo. Yo quiero casas,
pero casas abiertas, y las vecinas acostadas en sus camas
con sus niños chiquitos, y los hombres fuera, sentados en
sus sillas. Pepe el Romano es un gigante. Todas lo queréis.
Pero él os va a devorar, porque vosotras sois granos de
trigo. No granos de trigo, no. ¡Ranas sin lengua!

**MARTIRIO.** *(Enérgica)* Vamos, váyase a la cama. *(La empuja)*

**MARÍA JOSEFA.** Sí, pero luego tú me abrirás, ¿verdad?

**MARTIRIO.** De seguro.

**MARÍA JOSEFA.** *(Llorando)*

Ovejita, niño mío,
vámonos a la orilla del mar.
La hormiguita estará en su puerta,
yo te daré la teta y el pan.

*(Sale. Martirio cierra la puerta por donde ha salido
María Josefa y se dirige a la puerta del corral.
Allí vacila, pero avanza dos pasos más)*

**MARTIRIO.** *(En voz baja)* Adela. *(Pausa. Avanza hasta la misma puerta. En voz alta)* ¡Adela!

*(Aparece Adela. Viene un poco despeinada)*

**ADELA.** ¿Por qué me buscas?

**MARTIRIO.** ¡Deja a ese hombre!

**ADELA.** ¿Quién eres tú para decírmelo?

**MARTIRIO.** No es ése el sitio de una mujer honrada.

**ADELA.** ¡Con qué ganas te has quedado de ocuparlo!

**MARTIRIO.** *(En voz alta)* Ha llegado el momento de que yo hable. Esto no puede seguir así.

**ADELA.** Esto no es más que el comienzo. He tenido fuerza para adelantarme. El brío y el mérito que tú no tienes. He visto la muerte debajo de estos techos y he salido a buscar lo que era mío, lo que me pertenecía.

**MARTIRIO.** Ese hombre sin alma vino por otra. Tú te has atravesado.

**ADELA.** Vino por el dinero, pero sus ojos los puso siempre en mí.

**MARTIRIO.** Yo no permitiré que lo arrebates. El se casará con Angustias.

**ADELA.** Sabes mejor que yo que no la quiere.

**MARTIRIO.** Lo sé.

**ADELA.** Sabes, porque lo has visto, que me quiere a mí.

**MARTIRIO.** *(Desesperada)* Sí.

**ADELA.** *(Acercándose)* Me quiere a mí, me quiere a mí.

**MARTIRIO.** Clávame un cuchillo si es tu gusto, pero no me lo digas más.

**ADELA.** Por eso procuras que no vaya con él. No te importa que abrace a la que no quiere. A mí, tampoco. Ya puede estar cien años con Angustias. Pero que me abrace a mí se te hace terrible, porque tú lo quieres también, ¡lo quieres!

**Martirio.** *(Dramática)* ¡Sí! Déjame decirlo con la cabeza fuera de los embozos. ¡Sí! Déjame que el pecho se me rompa como una granada de amargura. ¡Le quiero!

**Adela.** *(En un arranque, y abrazándola)* Martirio, Martirio, yo no tengo la culpa.

**Martirio.** ¡No me abraces! No quieras ablandar mis ojos. Mi sangre ya no es la tuya, y aunque quisiera verte como hermana no te miro ya más que como mujer. *(La rechaza)*

**Adela.** Aquí no hay ningún remedio. La que tenga que ahogarse que se ahogue. Pepe el Romano es mío. Él me lleva a los juncos de la orilla.

**Martirio.** ¡No será!

**Adela.** Ya no aguanto el horror de estos techos después de haber probado el sabor de su boca. Seré lo que él quiera que sea. Todo el pueblo contra mí, quemándome con sus dedos de lumbre, perseguida por los que dicen que son decentes, y me pondré delante de todos la corona de espinas que tienen las que son queridas de algún hombre casado.

**Martirio.** ¡Calla!

**Adela.** Sí, sí. *(En voz baja)* Vamos a dormir, vamos a dejar que se case con Angustias. Ya no me importa. Pero yo me iré a una casita sola donde él me verá cuando quiera, cuando le venga en gana.

**Martirio.** Eso no pasará mientras yo tenga una gota de sangre en el cuerpo.

**Adela.** No a ti, que eres débil: a un caballo encabritado soy capaz de poner de rodillas con la fuerza de mi dedo meñique.

**Martirio.** No levantes esa voz que me irrita. Tengo el corazón lleno de una fuerza tan mala, que sin quererlo yo, a mí misma me ahoga.

ADELA. Nos enseñan a querer a las hermanas. Dios me ha debido dejar sola, en medio de la oscuridad, porque te veo como si no te hubiera visto nunca.

*(Se oye un silbido y Adela corre a la puerta, pero Martirio se le pone delante)*

MARTIRIO. ¿Dónde vas?

ADELA. ¡Quítate de la puerta!

MARTIRIO. ¡Pasa si puedes!

ADELA. ¡Aparta! *(Lucha)*

MARTIRIO. *(A voces)* ¡Madre, madre!

ADELA. ¡Déjame!

*(Aparece Bernarda. Sale en enaguas con un mantón negro)*

BERNARDA. Quietas, quietas. ¡Qué pobreza la mía, no poder tener un rayo entre los dedos!

MARTIRIO. *(Señalando a Adela)* ¡Estaba con él! ¡Mira esas enaguas llenas de paja de trigo!

BERNARDA. ¡Esa es la cama de las mal nacidas! *(Se dirige furiosa hacia Adela)*

ADELA. *(Haciéndole frente)* ¡Aquí se acabaron las voces de presidio! *(Adela arrebata un bastón a su madre y lo parte en dos)* Esto hago yo con la vara de la dominadora. No dé usted un paso más. ¡En mí no manda nadie más que Pepe!

*(Sale Magdalena)*

**MAGDALENA.** ¡Adela!

*(Salen la Poncia y Angustias)*

**ADELA.** Yo soy su mujer. *(A Angustias)* Entérate tú y ve al corral a decírselo. Él dominará toda esta casa. Ahí fuera está, respirando como si fuera un león.

**ANGUSTIAS.** ¡Dios mío! **BERNARDA.** ¡La escopeta! ¿Dónde está la escopeta? *(Sale corriendo)*

*(Aparece Amelia por el fondo, que mira aterrada, con la cabeza sobre la pared. Sale detrás Martirio)*

**ADELA.** ¡Nadie podrá conmigo! *(Va a salir)*

**ANGUSTIAS.** *(Sujetándola)* De aquí no sales con tu cuerpo en triunfo, ¡ladrona! ¡deshonra de nuestra casa!

**MAGDALENA.** ¡Déjala que se vaya donde no la veamos nunca más!

*(Suena un disparo)*

**BERNARDA.** *(Entrando)* Atrévete a buscarlo ahora.

**MARTIRIO.** *(Entrando)* Se acabó Pepe el Romano.

**ADELA.** ¡Pepe! ¡Dios mío! ¡Pepe! *(Sale corriendo)*

**LA PONCIA.** ¿Pero lo habéis matado?

**MARTIRIO.** ¡No! ¡Salió corriendo en la jaca!

**BERNARDA.** No fue culpa mía. Una mujer no sabe apuntar.

**MAGDALENA.** ¿Por qué lo has dicho entonces?

**MARTIRIO.** ¡Por ella! Hubiera volcado un río de sangre sobre su cabeza.

**LA PONCIA.** Maldita.

**MAGDALENA.** ¡Endemoniada!

**BERNARDA.** Aunque es mejor así. *(Se oye como un golpe)* ¡Adela! ¡Adela!

**LA PONCIA.** *(En la puerta)* ¡Abre!

**BERNARDA.** Abre. No creas que los muros defienden de la vergüenza.

**CRIADA.** *(Entrando)* ¡Se han levantado los vecinos!

**BERNARDA.** *(En voz baja, como un rugido)* ¡Abre, porque echaré abajo la puerta! *(Pausa. Todo queda en silencio)* ¡Adela! *(Se retira de la puerta)* ¡Trae un martillo! *(La Poncia da un empujón y entra. Al entrar da un grito y sale)* ¿Qué?

**LA PONCIA.** *(Se lleva las manos al cuello)* ¡Nunca tengamos ese fin!

*(Las hermanas se echan hacia atrás.*
*La Criada se santigua.*
*Bernarda da un grito y avanza)*

**LA PONCIA.** ¡No entres!

**BERNARDA.** No. ¡Yo no! Pepe: irás corriendo vivo por lo oscuro de las alamedas, pero otro día caerás. ¡Descolgarla! ¡Mi hija ha muerto virgen! Llevadla a su cuarto y vestirla como si fuera doncella. ¡Nadie dirá nada! ¡Ella ha muerto virgen! Avisad que al amanecer den dos clamores las campanas.

**MARTIRIO.** Dichosa ella mil veces que lo pudo tener.

**BERNARDA.** Y no quiero llantos. La muerte hay que mirarla cara a cara. ¡Silencio! *(A otra hija)* ¡A callar he dicho! *(A otra hija)* Las lágrimas cuando estés sola. ¡Nos hundiremos todas en un mar de luto! Ella, la hija menor de Bernarda Alba, ha muerto virgen. ¿Me habéis oído? ¡Silencio, silencio he dicho! ¡Silencio!

*Día viernes 19 de junio, 1936.*

TELÓN RÁPIDO

# ÍNDICE